LA SPIRALE
DU DÉCLASSEMENT

Du même auteur

Le Destin des générations
Structure sociale et cohortes en France du XXe siècle aux années 2010
PUF, 1998, 2002 ; rééd. « Quadrige » 2010

Les Classes moyennes à la dérive
Seuil-La République des idées, 2006

LOUIS CHAUVEL

LA SPIRALE DU DÉCLASSEMENT

Essai sur la société des illusions

ÉDITIONS DU SEUIL
25, bd Romain-Rolland, Paris XIVe

On trouvera des compléments empiriques et méthodologiques aux graphiques présentés dans l'ouvrage sur <http://www.louischauvel.org/spirale.html>.

ISBN 978-2-02-107284-6

www.seuil.com

Introduction

Sociologie d'un monde en déconstruction

« Inutile de dire qu'une civilisation qui laisse insatisfaits un si grand nombre de ses membres et les pousse à la rébellion n'a pas d'espoir de se maintenir durablement, et d'ailleurs ne le mérite pas. »

Sigmund Freud, *L'Avenir d'une illusion*, 1927 (trad. Bernard Lortholary, Seuil, 2011).

Sombre avenir. Nos sociétés refusent de regarder leurs maux en face, préférant ignorer pour l'instant des souffrances qui pourraient bientôt empirer avant de nous emporter. Cet ouvrage établit un diagnostic désagréable : le creusement des inégalités, évident si nous considérons le rôle du patrimoine, conduit une partie des classes moyennes et des générations nouvelles à suivre les classes populaires sur la pente de l'appauvrissement, entraînant une spirale générale de déclassement. Particulièrement visible en France, ce processus condamne à terme l'idéal de société qui fut le nôtre, celui d'une « civilisation de classe moyenne » confiante dans sa capacité de transmettre aux générations suivantes un monde en progrès. Il ne s'agit pas ici de s'apitoyer sur les inégalités nouvelles porteuses de glissements de terrain au bas de l'édifice social, mais d'en comprendre les mécanismes[1]. Nous devons saisir le

1. « Je me suis soigneusement abstenu de tourner en dérision les actions humaines, de les prendre en pitié ou en haine ; je n'ai voulu que les

sens et les conséquences de la reconstitution de la verticale du pouvoir socio-économique – ce que d'autres appellent la pyramide sociale – qui avait été aplanie au temps de la croissance rapide et de la société salariale : les inégalités naguère fluidifiées se recristallisent désormais en masse. Il faut sonder les dimensions constitutives de la repatrimonialisation, ce processus de reconstitution de l'accumulation de richesses qui radicalise les écarts entre héritiers protégés par leurs espérances patrimoniales et simples détenteurs de diplômes dépréciés sur le marché de l'emploi. La fracture des générations ne s'oppose pas ici aux inégalités de classes puisque les deux dynamiques se renforcent et font système.

Les changements d'échelle de notre monde sont des phénomènes sourds et invisibles, et pourtant d'une lourde signification pour ceux qui les vivent. Pour ne prendre qu'un exemple, en termes d'inégalités dynamiques, au rythme de croissance d'alors, les ouvriers des années 1950 étaient situés à trente ans d'intervalle du niveau de vie des cadres, alors qu'en 2013 ils sont distants de plus d'un siècle. Ces phénomènes presque aussi insensibles que la dérive des continents laissent présager les cataclysmes de ce siècle, autrement dit l'éclatement des tensions sociales que les évolutions en cours aiguisent inexorablement.

Ce travail n'est pas un exercice de prospective, il s'intéresse à un processus déjà engagé, difficile à enrayer, certainement, mais qui devrait devenir une fatalité si nous persistons à l'ignorer. Ce processus concerne avant tout les nouvelles générations qui, aujourd'hui comme hier, sont les premières portées sur le front de la guerre économique. Cette guerre, qui n'est pas nouvelle, compte ses vétérans, invalides à leur façon, qui nous révèlent les cicatrices laissées par les traumatismes sociaux à l'œuvre, vraisemblablement à perpétuité.

Par-delà un diagnostic fondé sur une analyse objective des faits sociaux, cet ouvrage s'intéresse au mur du déni qui en a dissimulé l'existence et a contribué à la dé(con)struction de l'évidence. Nos

---

comprendre. » Baruch Spinoza, *Traité politique*, trad. Émile Saisset, Paris, Charpentier, 1861.

maux sont d'autant plus profonds qu'ils sont pris dans une gangue compacte de fausses représentations qui font écran à la révélation de leur objectivité. Dans la génération précédente ont émergé des groupes entiers d'historiens, de sociologues, de collègues de toutes disciplines, pour qui la notion même de réalité est remise en cause. À leurs yeux, les phénomènes analysés ici n'ont pas de pertinence intrinsèque – la verticale du pouvoir, les classes sociales, la classe ouvrière, les cadres, les générations, les données et les chiffres pour en rendre compte ont moins d'intérêt en soi que les conditions sociales de leur construction. L'inégalité ne constituerait un problème social que parce qu'il existe un coefficient de Gini pour la mesurer, des statisticiens pour élaborer cet indicateur de répartition des richesses, ce livre pour en discuter. Il en a résulté un travail de sape de l'idée même de réalité sociale, dont nous risquons de finir orphelins. De cette sociologie de la déconstruction, il est resté un monde en ruine[1].

La première urgence est de reconstruire la vérité, comprise comme la correspondance entre le monde des connaissances et celui de la réalité. Loin de l'approche constructiviste, je plaide ici pour un néomatérialisme objectiviste inspiré de Philip K. Dick : « La réalité c'est ce qui, quand on cesse d'y croire, ne s'en va pas[2]. » C'est là que le déni se révèle. Ce n'est pas en clamant que le déclassement relève d'une peur irraisonnée, que les classes moyennes résistent plutôt bien à la crise et que les générations sacrifiées ne sont qu'un mythe que nous conjurerons la réalité de ces faits sociaux qui avancent de leur propre pas, ignorant les illusions dont nous berçons la population. Il s'agit ici de revenir aux fondamentaux, et de proposer un éclairage neuf fondé sur de nouvelles découvertes, inquiétantes, et des approches inédites de problèmes qui font notre quotidien.

1. Je pense ici moins à Musset qu'à Hermann Broch, *Logique d'un monde en ruine. Six essais philosophiques* (1931-1946), trad. Christian Bouchindhomme et Pierre Rusch, Paris, Éditions de l'Éclat, 2005.

2. Philip K. Dick, « Comment construire un univers qui ne tombe pas en morceaux au bout de deux jours » (1978), in *Si ce monde vous déplaît… et autres écrits*, trad. Christophe Wall-Romana, Paris, Éditions de l'Éclat, 1998, p. 189.

Ce livre s'intéresse ainsi à une dimension cruciale du malaise européen – où le cas français est des plus préoccupants –, que l'on pourrait qualifier de désagrégation de nos idéaux passés de progrès et de délitement des acquis des temps de l'abondance. Cinq éléments corrosifs pour notre « civilisation de classe moyenne » se combinent et se renforcent mutuellement pour exercer leur pouvoir délétère sur notre édifice social.

Le premier élément relève de l'accroissement vertigineux des inégalités à travers le phénomène de repatrimonialisation des richesses – la distorsion croissante entre les revenus du travail et ceux du patrimoine. L'histoire du XXe siècle fut l'espoir – pour partie naïf – de briser la verticale du pouvoir socio-économique, mais les nouvelles réalités mondiales laissent entrevoir, ici, la venue d'un siècle d'inégalités béantes. Les limites de notre lucidité nous interdisent peut-être d'en appréhender l'ampleur, même si un simple voyage aux États-Unis permet d'en saisir quelques facettes. La béance des écarts entre strates de la société pourrait générer de nouvelles tensions sociales et des rigidités bien supérieures à ce que nous connaissons. Cette reconstitution de la verticale du pouvoir pourrait nous promettre de nouvelles architectures monumentales. Il s'agira de souligner l'« effet de fronde » propre aux distributions extrêmes qui démultiplie l'inégalité à mesure que nous nous approchons du sommet et de l'abîme.

Le deuxième élément renvoie plus spécifiquement au processus de désagrégation du noyau central de la société. Non pas que les souffrances des classes moyennes devraient nous émouvoir davantage que le sort, plus dégradé encore, des classes populaires, mais la déstabilisation du centre de gravité de la société a des effets d'entraînement plus généraux, pleinement visibles lorsque l'on compare la situation des nouvelles générations à celle de leurs parents, révélant ainsi de façon emblématique ce processus de déclassement systémique.

La fracture générationnelle et les désillusions qu'elle accompagne constituent précisément le troisième facteur de corrosion et sans doute le plus décisif. La baisse du niveau de vie, le rendement décroissant des diplômes, la mobilité descendante, le déclassement résidentiel et l'aliénation politique dont la jeunesse en France est victime s'accentuent de génération en génération au point d'atteindre le stade de leur irréversibilité. Le propre de l'idée de progrès est de laisser à la génération suivante un monde meilleur, qu'elle devrait faire fructifier à son tour pour laisser mieux encore dans la boucle de la modernité. Au contraire, aujourd'hui, tout a été fait pour donner à la génération suivante des besoins supérieurs et des moyens économiques déclinants.

Le quatrième élément tient au processus de déclassement systémique dans la dynamique des inégalités globales. Le recul des anciennes puissances industrielles à mesure de l'essor des nouveaux pays développés nous amène à reconsidérer la place de la France et de l'Europe dans la verticale du pouvoir socio-économique mondial. Il faut saisir les conséquences des effets de ce rattrapage sur le bas et le milieu de notre édifice social : qu'advient-il, en termes de représentations de soi et donc de mobilisation politique, lorsque les classes populaires et moyennes ne se comparent plus aux cadres des pays du Nord – une comparaison susceptible de hisser plus haut leurs revendications sociales – mais aux ouvriers du Sud, impliquant plus que le sentiment d'une « descente continue vers le néant [où] tout tombait, [où] l'univers n'était qu'un immense, qu'un extatique engloutissement[1] » ?

Enfin, la correspondance entre les faits objectifs et leurs représentations sociales décline. Il s'agit d'une inquiétante spirale des illusions devant le changement social, où ce que nous prenons pour des connaissances sur la société, datées et périmées depuis des années, deviennent des croyances fausses, car la nouvelle réalité est ailleurs. Cette spirale résulte de notre lenteur à prendre en compte les nouveaux états du monde, de notre paresse, ou simplement de la péremption d'une large majorité du personnel politique et intellectuel qui vit encore dans un monde que les autres ont vu disparaître depuis trente ans. Il en résulte des décisions à contretemps, prises sur la foi de diagnostics dépassés et maintenant illusoires, d'où l'amplification des maux qui seront à leur tour traités

1. Jean-Marie Gustave Le Clézio, *La Fièvre*, Paris, Gallimard, 1965.

en retard. Il ne s'agit pas simplement de la prise en compte de la désindustrialisation, de la nouvelle pauvreté, de la jeunesse diplômée à la dérive, mais bien de l'avenir des retraites, de la santé, autant d'enjeux gigantesques où les déséquilibres s'intensifieront faute d'une compréhension adéquate des phénomènes à l'œuvre.

La nocivité des faits sociaux ne fait que redoubler quand leur réalité est rejetée hors de la conscience sociale : il faut se pencher alors sur le rôle du déni dans cette dynamique. L'erreur de lecture systématique sur ce qui est, le refus de produire une juste définition de la situation et l'idée qu'il n'existe pas de réalité en soi sont au centre même des difficultés de notre temps. Le mensonge social dont nous sommes les victimes, voire les exécutants, ne résulte pas d'un complot venu d'ailleurs ou d'en haut. Ce complot est intérieur à nous-mêmes, car nous préférons nous mentir que d'affronter la vérité. La sociologie a longtemps voulu changer le monde ; il s'agit maintenant de le comprendre mieux. Faire œuvre de lucidité est la première urgence, sans quoi notre pays ne pourra retrouver le propre de son génie : savoir, quand il le faut, changer son destin.

Je remercie celles et ceux avec qui j'ai travaillé, au Luxembourg et ailleurs, qui m'ont permis de progresser au long des années récentes, et m'ont aidé de nombreuses façons : Anja Leist, Eyal Bar-Haim, Flaviana Palmisano, Herbert Smith, Sabine Demazy, Javier Olivera, Anne Hartung, Martin Schröder, Janet Gornick, Valentina Ponomarenko, Bruno Auerbach, Aude Kerivel mais aussi Bernhard Ebbinghaus, Brian Nolan, Béa Cantillon, Göran Therborn, ainsi que toutes celles et ceux qui voudront bien ici se reconnaître. Par-dessus tout, j'ai véritablement bénéficié des ressources du Fonds national de la recherche luxembourgeois (Pearl chair : FNR/P11/05) et du soutien sans faille de son secrétaire général, Marc Schiltz. J'ai bénéficié aussi du soutien de Serge Allegrezza, François Biltgen, Yves Elsen, Dieter Ferring, Marc Hansen, Rainer Klump, Michel Margue, Georg Mein, Nicolas Schmit. Mais c'est avant tout à ma famille la plus proche que vont mes remerciements : en consacrant un temps considérable à préparer ces pages, j'ai sans nul doute abusé de leur patience.

Chapitre 1
Le vertige des inégalités

> Francis Scott Fitzgerald : « Laisse-moi te parler des très riches : ils sont différents de toi et moi. »
> Ernest Hemingway : « Oui. Ils ont plus d'argent. »

Les inégalités vertigineuses sont de retour, mais, si ce constat est bien établi ailleurs, il reste plus difficile à percevoir en France, où il est recouvert d'un épais voile d'ignorance, en quelque sorte. Les acteurs sociaux sentent bien quelque chose, mais le coefficient de Gini qui mesure les disparités de richesse (voir encadré) reste impavide. À regarder rapidement les statistiques, les inégalités françaises fluctuent sans tendance évidente. Mais ce calme en surface dissimule bien autre chose sous la ligne de flottaison. Le contraste avec les États-Unis est saisissant : là-bas, la reconstitution d'une pyramide socio-économique écrasante, comme au temps de la « Belle Époque », promet pour bientôt un seuil d'inégalité inédit si les tendances récentes se maintiennent[1]. Ainsi, paradoxalement, l'horreur des inégalités serait à ses sommets dans

1. La complexité du diagnostic américain actuel est que cette inégalité radicale est différente de celle des temps anciens, comme le montre l'obésité qui révèle une malnutrition et des privations plus pernicieuses que celles de naguère. Jacob Riis, *How the Other Half Lives : Studies among the Tenements of New York*, Cambridge, The Belknap Press of Harvard University Press, 2010 [1890].

l'opinion publique française, pays stable de ce point de vue, tandis que les États-Unis refondent l'empire des écarts vertigineux dans un contexte où les inégalités, devenues objectivement choquantes, restent mieux acceptées qu'en Europe. Nous nous intéressons ici à démêler cet écheveau, pour comprendre le rôle du revenu, et pour révéler celui encore plus prépondérant du patrimoine, porteur d'inégalités nouvelles et de distorsions extrêmes entre ceux qui ont et les autres.

L'aspect fascinant et révoltant des civilisations humaines a été d'édifier des formes sociales hiérarchiques dont les excès inégalitaires ont été régulièrement dénoncés par la philosophie sociale, avant même la naissance d'Aristote, mais qui se sont régulièrement rétablies avec une force écrasante quelque temps après leur déstabilisation. Ce chapitre s'intéresse avant tout à l'exploration du ciel profond des inégalités extrêmes. Nous en décrirons l'intensité et tenterons de les cadastrer, nous en présenterons la statistique et la mathématique, nous soulignerons l'effet de fronde qui signifie une accélération des phénomènes aux extrêmes, pour analyser enfin les conséquences des transformations du revenu et du patrimoine dans la France contemporaine.

La verticale du pouvoir socio-économique

Le trait central des sociétés complexes depuis leur naissance est l'édification d'une hiérarchie : « L'existence d'une stratification sociale est probablement la caractéristique principale de la civilisation[1]. » Certains préfèrent appeler ce phénomène « structure de classe » alors que d'autres diront « pyramide sociale ». Ici, nous parlerons de *verticale du pouvoir socio-économique*, car le contrôle politique, la maîtrise des marchés, le prestige différentiel des positions, la recherche de la vie la plus confortable possible, tendent à se rejoindre en un point ultime au-dessus du sort

1. Charles L. Redman, *The Rise of Civilization : From Early Farmers to Urban Society in the Ancient Near East*, San Francisco, Freeman, 1978, p. 277.

commun. À travers cette notion, il s'agit surtout d'insister sur l'inégalité socio-économique à l'état pur : l'idée d'inégalité s'est complexifiée et presque fragmentée, en intégrant tout un ensemble de modes de différenciation hiérarchisés, comme dans les contrastes de genre, d'ethnie, les écarts entre générations, autant de groupements qui peuvent servir de support à des inégalités proprement verticales, sans que ce soit pour autant une constante[1]. Nous nous centrons ici sur la verticalité dans toute sa brutalité. Cette idée de verticale laisse entendre que l'échelle est potentiellement infinie, en réalité d'une hauteur vertigineuse, par nature dissymétrique, agissant de haut en bas, de façon à peu près univoque, sans appel – sauf à venir implorer le bon vouloir des détenteurs du pouvoir. Les plus hautes pyramides se terminent sur leur pyramidion, à quelques centaines de pieds tout au plus : leur limite est vite atteinte. L'idée de classes sociales laisse supposer que derrière le conflit de groupes inégaux entre eux, il existe une forme d'égalité des membres du prolétariat d'une part et de ceux de la bourgeoisie de l'autre. Ce n'est guère le cas puisque, dans ce monde des inégalités fractales, l'inégalité se retrouve presque à l'identique à chaque échelle d'observation inférieure : l'égalité au sein d'une classe donnée est soit une illusion, soit un travail forcené d'égalisation, une construction politique, résultant d'un fantastique rapport de force interne, qui souvent dissimule plus qu'il n'annihile un empilement inégal à l'intérieur de chaque groupe. L'élément permanent des sociétés humaines est la capacité à se construire en un édifice social hiérarchique écrasant où chaque niveau est lui-même polarisé par une concurrence dont la forme exacerbée est la norme plus qu'une situation d'exception.

Ce qui frappe avec les inégalités de revenu et plus encore de patrimoine, c'est le caractère indéterminé sur le long terme de l'équilibre entre les échelons inférieurs et supérieurs de cette échelle presque infinie. L'élément permanent relève de l'existence

1. On trouve un compendium des différentes dimensions des inégalités horizontales et verticales dans Louis Maurin et Patrick Savidan (dir.), *L'État des inégalités en France. Données et analyses*, Paris, Belin, 2008.

universelle d'un axe hiérarchique depuis les cimes jusqu'aux abîmes ; en revanche, l'écart entre les échelons et entre les extrêmes est indéterminée. Entre les sociétés les plus égalitaires – les pays d'Europe nordique de la fin des années 1970 qui se sont approchées du zéro absolu des inégalités économiques – et celles marquées par l'extension la plus radicale de leur axe vertical – l'Afrique du Sud pour le revenu, les États-Unis, peut-être, pour le patrimoine – les variations sont presque incommensurables, d'autant que les inégalités extrêmes parviennent, et c'est là un des traits les plus intéressants, à s'entourer d'un profond secret. C'est l'aspect presque occulte du phénomène, puisque tout ce qui touche aux répartitions patrimoniales, à mesure que l'on s'approche des sommets, est dissimulé sous un voile d'ignorance.

La forme spécifique de cette verticale du pouvoir socio-économique est un objet d'investigation passionnant et ce n'est pas un hasard si les instruments de mesure nécessaires à l'analyse des structures hiérarchiques quasi stellaires observées ici sont utilisés en astrophysique, dans des domaines aussi divers que la description de la granularité des corps célestes, la magnitude des astres ou l'analyse des rayons cosmiques de forte énergie. Nos inégalités économiques sont sidérales.

Le plus sidérant ici relève du contraste entre d'une part une critique à peu près universelle du phénomène – généralement relayée par les « élites éclairées » – et de l'autre l'inanité des efforts pourtant considérables auxquels les collectivités consentent pour s'en prémunir. Cette question complexe, dans notre époque troublée, mérite donc une reconstruction un peu plus réfléchie que celle communément retenue selon laquelle les inégalités sont le mal absolu et ne méritent qu'une chose : d'être éradiquées pour toujours. L'éthique de la science exige de ne juger, si vraiment c'est nécessaire, qu'après une instruction critique des faits sociaux que nous devons étudier comme des choses.

Le but de ce chapitre est de comprendre mieux les réalités et les fondements de cette verticale du pouvoir socio-économique. Notre objectif ici est de présenter sous une forme nouvelle ce que nous savons de la pyramide sociale née de la répartition des individus et des familles au long de la verticale du pouvoir socio-économique. Il s'agit avant tout d'en prendre la mesure, d'en affiner la définition, d'en saisir la mathématique et d'en décrypter la logique. Il faudra enfin en comprendre l'entièreté des conséquences pour l'ordre social.

L'inégalité sidérale

Il n'est pas de fait social plus intéressant, plus central, que l'inégalité. Que des atomes sociaux – les êtres humains – aussi semblables ou presque sous tant de rapports puissent extraire des ressources, des récompenses et des droits – en particulier de propriété – si différents et inégaux demeure aujourd'hui un grand mystère, ainsi qu'une parfaite banalité. Il est difficile de mesurer cette verticale dans toute son étendue et presque impossible d'en saisir l'amplitude. En effet, comme nous le verrons, notre sens des réalités et notre éducation scientifique nous permettent de comprendre mieux les légères différences anthropométriques que les inégalités extrêmes.

Nous pourrions ici nous inspirer – de loin – de l'*Eurêka* d'Edgar Poe traduit par Charles Baudelaire, ce poème cosmogonique chantant l'immensité du système solaire, « car de tous les sujets imaginables, celui que j'offre au lecteur est le plus solennel, le plus vaste, le plus difficile, le plus auguste », etc. Comme avec les distances sidérales, l'inégalité se compte rapidement en milliards. Mais avant de comprendre l'immensité des inégalités économiques, commençons par la relative égalité anthropométrique qui s'oppose au vertige de la verticale économique.

Considérons la taille des personnes adultes, de la tête aux pieds, sans chaussure. Le rapport de dimensions entre le dixième le plus grand et le plus petit – on parle de rapport interdécile[1] – est de 1

1. La statistique des répartitions du revenu s'intéresse à différentes mesures : les déciles consistent à découper la population en 10 groupes de taille égale, ce qui permet de mesurer aisément le rapport interdécile, une statistique d'inégalité

à 1,16. Ce sont là des inégalités résiduelles, fondées sur ce que nous connaissons des fondements de l'anthropométrie, de l'homme moyen d'Adolphe Quételet (1796-1874) à Maurice Halbwachs (1877-1945), à tous les amateurs de la loi normale, dans une vision du monde où les extrêmes ne sont qu'une modeste divergence vis-à-vis de la moyenne arithmétique qui forme le centre idéal des répartitions. Les notes au baccalauréat, la valeur obtenue dans les tests scolaires, l'intelligence, la pointure des pieds, correspondent peu ou prou à une forme générale – la loi normale, celle de Gauss (1777-1855), la fameuse courbe en cloche – où nous divergeons un peu de la moyenne par la grâce d'une loterie tempérée. L'idée statistique est que l'inégalité est le résultat d'un jeu de pile ou face répété où nous perdons ou gagnons un modeste enjeu à chaque étape, chaque individu voyant ainsi s'équilibrer au long terme les gains et les pertes[1]. Quelques chanceux ont gagné à chaque pile ou face une prime supplémentaire, mais modeste, et le petit nombre de ces élus systématiques du hasard réduit les extrêmes à quelques rares cas ; en outre, ils ne sont pas loin de ceux, plus nombreux, qui ont souvent gagné et parfois perdu, d'où la cohésion de la répartition d'ensemble. Dans cette situation, la « tyrannie de la moyenne », qui consiste à réduire la diversité d'ensemble à la valeur moyenne, peut être une approximation acceptable, en première instance, de notre monde.

---

concurrente du coefficient de Gini. La médiane est quant à elle le niveau de revenu qui découpe la population en deux groupes de taille identique : la moitié en dessous et celle au-dessus de la médiane. On parle aussi de quartiles, quintiles, vingtiles, pour l'ensemble des quantiles d'une répartition.

1. La « planche de Francis Galton (1822-1911) », dont il est possible de trouver un exemplaire au dernier étage du Palais de la découverte à Paris, fournit ici une démonstration intéressante. Des milliers de petites billes tombent d'une trémie sur des centaines de bifurcations en série, selon un jeu de pile à droite, face à gauche, et ce sur une dizaine de niveaux. Au bas de la planche, au bout de ce processus stochastique, les billes se groupent dans des réceptacles : de nombreuses billes sont proches du centre et leur nombre s'étiole à mesure que l'on en diverge. Elles se répartissent ainsi selon la loi normale.

La réalité des inégalités socio-économiques nous transporte dans un monde tout différent, celui des expériences sociales extrêmes situées aux limites du sentiment d'une commune humanité. Vilfredo Pareto (1848-1923) est le fondateur de cette autre tradition, celle de l'homme non pas moyen mais extrême. Pareto est surtout connu pour la forme simplifiée de sa « loi » : 80 % du patrimoine sont possédés par les 20 % les plus riches. La réalité diverge souvent de cet idéal, la France étant plus proche de 75-25, et les États-Unis de 84-16. Si le coefficient de la « loi » de Pareto est variable, l'écriture mathématique de l'équation reste stable. C'est là un aspect tragique de nos civilisations : nous croyons être libres et avoir fondé les institutions démocratiques capables d'assurer l'égalité, mais nous restons dans les fers – du simple point de vue des lois socio-économiques, nous faisons l'objet de déterminations peut-être aussi fortes que celles de la pesanteur – et, dès que le patrimoine est évoqué, les lois de la verticale révèlent un ordre social où même les sociétés les plus égalitaires de la planète ne sont pas parvenues à supprimer cette répartition, mais au mieux à la réduire.

Dans l'espace du revenu, les rapports des nains aux géants sont plus tendus que dans le monde de la morphologie humaine : en France, le dixième le mieux loti du point de vue du revenu est 3,5 fois plus haut que le dixième économiquement le plus modeste. Si les écarts de taille restent notre métaphore des inégalités, le sous-prolétariat par son revenu ferait 1 mètre de haut quand la bourgeoisie mesurerait 3,5 mètres de la tête aux pieds. En France, en 1913, ce rapport de revenu devait être près du double, de 1 à 6, si l'on extrapole sur la base d'autres pays connus : les classes sociales opposaient des nains à des géants économiques. Aujourd'hui, pour le patrimoine net, le rapport se distend de 1 à 315 : si le décile du haut dépasse un immeuble de trois étages, les plus modestes n'atteignent pas 3 centimètres. La richesse accumulée laisse entrevoir une société faite d'homuncules et de colosses. Si l'on préfère les métaphores piscicoles, cette vie est un aquarium fait de baleines et de planctons de dimensions variées : les cétacés, les plus visibles, sont rares, attirent le regard et dissimulent une abondante faune microscopique sans laquelle ils ne sauraient être.

Où les sommets mondiaux se situent-ils par rapport aux moyennes françaises du revenu et du patrimoine – ce qui reste un point de vue privilégié en regard de la pauvreté moyenne du monde ? Dans la sphère anthropométrique, nous sommes dans un monde où la taille des géants les plus formidables est inférieure à deux fois la moyenne. Pour le revenu, un trader bien chanceux peut gagner quelques milliers de fois le revenu moyen mesuré en France. Rapporté à notre taille, il n'est jamais qu'à 1 kilomètre au-dessus de nos têtes – ce n'est pas l'Himalaya, ni même Serre-Chevalier. Avec le patrimoine, nous découvrons une nouvelle frontière dimensionnelle, puisque avec leur cinquantaine de milliards de dollars, les membres du sommet de la verticale du pouvoir socio-économique patrimonial mondial se satellisent 100 000 fois au-dessus de nos têtes – c'est un ordre de grandeur –, quelque part au-dessus de la stratosphère. Ici, les arbres dépassent le ciel, qui n'est plus la limite. Et pourtant, nous ne comparons ici que les pays développés du premier monde, ce qui réduit la mesure du gouffre qui sépare les cimes des abîmes. Rapportées à la taille du revenu du dixième le plus pauvre du Niger ou du Malawi – issus des pays les plus pauvres de la planète, avec moins de 200 dollars par an –, les fortunes les plus élevées au monde correspondent à la moitié de la distance Terre-Lune. La théorie de l'homme moyen ne permet pas de concevoir ces écarts avec les extrêmes, refoulés au statut de « points aberrants » ; dans la théorie de l'homme extrême de Pareto, ils font partie du monde possible, connu sinon familier. Nos inégalités contemporaines sont sidérales, et devraient heurter notre sens d'une commune humanité. L'échelle dont il est ici question est ouverte, pour ainsi dire infinie, un peu comme l'échelle de Jacob. Les milliardaires ne sont plus très loin aujourd'hui de la Lune, mais la reconstitution des richesses patrimoniales peut leur laisser espérer le voyage sur Mars – est-ce l'objectif de la génération qui vient ?

Cette échelle patrimoniale est sans relation avec l'échelle anthropométrique, ce qui peut susciter les frustrations dans le camp même des privilégiés : leurs ressources économiques presque illimitées vont de pair avec une longévité presque aussi bornée que la nôtre. Si les écarts d'espérance de vie étaient à proportion du patrimoine, les Carnegie, Vanderbilt et Rockefeller seraient encore ici et pourraient atteindre ou dépasser le quatrième millénaire. La constitution de dynasties ou, à défaut, de fondations artistiques ou culturelles est une tentative pour étendre presque à l'infini l'ombre portée de sa fortune. Nous en revenons ici aux constats de l'anthropométrie : alors qu'une simple règle de proportionnalité lasserait espérer aux milliardaires plus de dix mille ans d'espérance de vie, la réalité humaine leur est plus égalitairement frustrante.

Les dernières lubies à la mode chez les géants de la Silicon Valley expriment la tentation d'aller au-delà, entre la cryogénisation *pre-mortem* et la régénérescence cellulaire. Des médecins consciencieux peuvent ainsi promettre quelques années de vie supplémentaires en l'échange des milliards de dollars en déshérence pour des géants partageant avec le commun des mortels le fait de l'être aussi. C'est là une des frustrations les plus évidentes des titulaires des fortunes les plus considérables : leurs dernières minutes seront les plus chères, faute d'être les plus agréables. Au moment de la chute, ils pourront dire avec Pascal que « c'est être d'autant plus misérable qu'on est tombé de plus haut ». Sur le plus haut trône du monde, la tentation de l'infini va de pair avec une vertigineuse frustration.

Mathématique de l'inégalité

La forme de la répartition du revenu et des richesses a été l'un des plus grands mystères des sciences sociales, et pourrait receler encore des secrets pour l'heure inviolables. Pareto[1] a établi que, à mesure que nous nous élevons dans l'échelle des revenus y, le pourcentage x d'individus situés au-dessus obéit à cette loi :

$$(1): \quad log(y) = - a \, log(x) + constante$$

a étant un indicateur d'inégalité compris entre 0 et 1.

1. Les notations de Pareto sont un peu différentes des nôtres.

Précisément, quand x est petit (il représente le petit pourcentage de privilégiés au revenu supérieur à y, et mesure donc le rang socio-économique en partant du haut), $- a \log(x)$ prend alors de grandes valeurs, et son exponentielle donne le revenu y. Plus *a* est élevé, plus y prendra des valeurs exorbitantes pour un niveau x donné. La loi de Pareto est une forme de pyramide exponentielle à côté de laquelle les plus hauts édifices du monde demeurent de modestes yourtes de Mongolie.

L'intensité des inégalités – de l'écart entre les privilégiés et ceux d'en dessous – dépend du coefficient *a*. S'il vaut 0, le dénivelé des inégalités entre la base et le sommet est nul. S'il vaut 1, nous avons une forme radicalisée d'inégalité, véritablement extrême, étudiée naguère par George K. Zipf (1902-1950) pour la fréquence des mots dans la littérature, et par Felix Auerbach (1856-1933) pour la densité des agglomérations, un thème repris par le Prix Nobel d'économie Paul Krugman et par Xavier Gabaix[1]. Cette forme extrême de répartition devrait donner une moyenne qui diverge et n'avoir pas de limite[2]. Il reste qu'au sommet la seule perspective permettant d'accroître sa position relative est d'influencer le monde social de façon à obtenir un coefficient *a* le plus élevé possible de façon à ce que l'empilement humain dresse ce pyramidion au niveau le plus extrême. Le coefficient *a* de Pareto est alors non plus une échelle mais un ascenseur de Jacob qui porte le plus riche au ciel sans limite des fortunes.

1. Paul Krugman, *L'Économie auto-organisatrice*, trad. Fabienne Leloup, Paris, De Boeck, 2e éd. 2008 [1996] ; Xavier Gabaix, « Zipf's law for cities : An explanation », *Quarterly Journal of Economics*, n° 114, 1999, p. 739-767 ; *id.*, « Power laws in economics and finance », *Annual Review of Economics*, n° 1, 2009, p. 255-294.

2. Lorsqu'on calcule l'intégrale de sa formule mathématique continue de zéro à l'infini. Mais l'humanité est finie. Le pyramidion infini dont l'existence est supposée par l'écriture de la courbe n'a pas de réalité dans le monde tangible.

Mesurer l'inégalité : le coefficient de Gini

Une partie importante de l'outillage statistique de l'analyse des inégalités remonte au début du XXe siècle. Sans grand doute, l'indice de Corrado Gini (1884-1965) a pris le dessus sur le coefficient de Vilfredo Pareto (1848-1923) et la courbe de Max Lorenz (1876-1962). L'idée de Gini est de rapporter l'intensité des inégalités à un indicateur unique compris entre 0 et 1. L'égalité absolue est atteinte lorsque tous les individus d'une population reçoivent le même revenu, égal au revenu médian ; alors, le coefficient de Gini vaut zéro. Inversement, l'inégalité parfaite advient lorsqu'un seul individu accapare la totalité du revenu national, et Gini vaut 1.

Pour comprendre l'indice de Gini, il convient de tracer la courbe de Lorenz, en ordonnant les individus par ordre de revenu croissant. En abscisse, nous présentons alors le cumul des x % d'individus les moins riches d'une société, et en ordonnée, nous reportons le pourcentage y de revenu national représenté par le cumul de leur revenu.

Dans une société parfaitement égalitaire, la courbe de Lorenz est la diagonale du graphique, qui a pour nom « ligne d'égalité ». Inversement, dans une société parfaitement inégalitaire, la courbe de Lorenz reste au plancher jusqu'au plus riche individu, à droite sur la courbe, qui détient 100 % du total. La valeur du coefficient de Gini est simplement le double de la surface comprise entre la ligne d'égalité (la diagonale) et la courbe de Lorenz. Sur l'exemple empirique de la France en 2010, les inégalités de patrimoine sont incomparablement supérieures à celles de niveau de vie – c'est-à-dire de revenu disponible après impôts et transferts sociaux, par unité de consommation, ou nombre d'équivalents-adultes que nous trouvons dans les ménages.

En langage commun, il est difficile de retranscrire ce à quoi le coefficient de Gini correspond en termes d'intensité des inégalités : à quoi au juste la valeur 0,335 du coefficient de Gini correspond-elle ? Dans cette source, les taxes et redistributions sociales étant assez mal repérées, nous avons une inégalité plus forte que dans la source *Luxembourg Income Study* (LIS), pour laquelle le Gini du revenu disponible est de 0,29. Imaginons une situation initiale où chaque participant reçoit une somme 1. Nous réalisons alors un premier pile ou face, où les gagnants reçoivent 30 % en plus de leur dotation initiale et peuvent rejouer (nous laissons la moitié des perdants de côté). Parmi ceux qui rejouent, les gagnants reçoivent encore 30 % en plus, et les perdants s'arrêtent de jouer, et ainsi de suite jusqu'à épuisement des gagnants. Revenons aux perdants du premier tour, et retirons-

GRAPHIQUE 1.1
Courbe de Lorenz du revenu (niveau de vie) et du patrimoine – France 2010

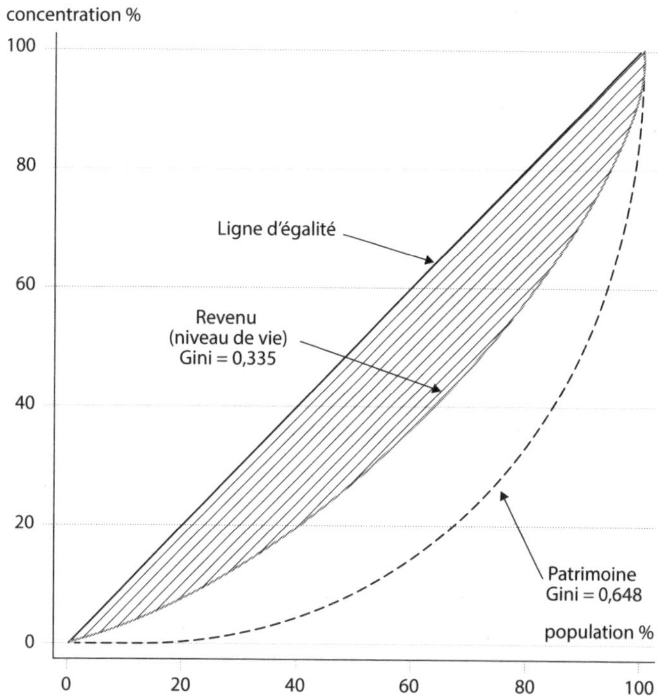

Source : « Eurosystem Household Finance and Consumption Survey », HFCS, 2010 – Échantillon français.
Le double de la surface hachurée est égal à l'indice de Gini du revenu.

leur 30 %. En outre, ils rentrent dans un jeu symétrique à celui des gagnants : à chaque pile ou face, les gagnants s'arrêtent de jouer, alors que les perdants voient encore disparaître 30 % de leurs ressources, et se trouvent dans l'obligation de rejouer encore[1]. Comme il est impossible de perdre indéfiniment, dans une population finie, le jeu s'arrête bien un jour, assez vite. Nous venons de créer une répartition dont le coefficient de Gini est proche de 0,35.
Nous pourrions dire ainsi que le coefficient de Gini est une bonne approximation du pourcentage de gain des gagnants du jeu de pile ou face de la vie.
Pour la taille des individus – sans chaussures – le Gini vaut 3 % ; les tests scolaires à quinze ans des enquêtes PISA de l'OCDE donnent 11 %. Le revenu dans la Suède des années 1970 avoisine 20 % contre 30 % en Europe de l'Ouest aujourd'hui, près de 40 % aux États-Unis. Le patrimoine renvoie à des écarts autrement importants : 64 % en France et près de 80 % aux États-Unis.

Voyons une première application : vous connaissez la pyramide de Djoser, un empilement de six mastabas l'un sur l'autre, où le septième, vraisemblablement sous la forme d'une flèche, nous manque, préfigurant ainsi les pyramides futures. Elle peut être vue comme une représentation de l'ordre pharaonique, ici idéalisée, une version logarithmique d'un ordre parétien de pyramide exponentielle. La base du système, le sol, au niveau zéro, est formée de dix millions de paysans et leur famille, dont le niveau de vie est fixé à un. Au premier degré, nous trouvons les contremaîtres, environ un million d'âmes. Leur niveau de vie est fixé à dix. Au second seuil se trouvent les responsables de villages ou de quartiers, en charge notamment de la collecte des impôts. Au nombre de cent mille, ils ont un revenu de cent. Le troisième degré est celui des notables, un

1. Cela ressemble de loin à la planche de Galton mentionnée ci-dessus, à ceci près que, à chaque échelon, on ne négocie pas un écart fixe, en plus ou en moins, mais un coefficient multiplicatif, ici de 1,3. En outre, dans ce jeu-ci, on ne peut que s'éloigner de la médiane, d'où la multiplication des cas extrêmes.

groupe plus étroit de dix mille individus. Parmi eux, certains ont aperçu, de loin, le pharaon, mais ont généralement approché le gouverneur de province ; leur revenu est de mille. Au-dessus de cette classe moyenne, au quatrième niveau, débute le cercle étroit des officiels héréditaires, la famille royale étendue. C'est la classe des barons, un millier d'âmes, dix mille fois au-dessus de la masse des paysans, parmi lesquels seront recrutés les commis du pouvoir d'État, les officiants supérieurs des temples, gérant des fonds patrimoniaux jalousement contrôlés par l'ordre des prêtres.

L'élite du pouvoir compte une centaine d'individus, placés aux postes clés – gouverneurs, généraux d'armée, tous dépositaires d'éléments de légitimité pharaonique par filiation avec un pharaon défunt –, situés autour de cent mille fois au-dessus du commun des mortels. Surtout, leur relation directe avec le pouvoir suprême leur assure la capacité à négocier directement leur position, dans un contexte de concurrence exacerbée. Le sixième niveau représente le gouvernement central et compte une dizaine de personnes, liées directement à l'État pharaonique, un ensemble réduit de ministres et de conseillers assurant le pouvoir intérieur. Ces personnages clés disposent chacun de ressources correspondant à un million de fois celles de la base. Le septième cercle du pouvoir, celui qui ne connaît pas de centre, est la personne du pharaon dont le budget annuel correspond à dix millions de fois la ration du paysan de base.

Cette forme de hiérarchie dépasse tout ce que nous connaissons aujourd'hui : la structure de l'empilement permet au pharaon de disposer à lui seul d'un budget égal à celui de dix millions de paysans. Ici, le peuple, 90 % de la population, doit se contenter de 12,5 % des ressources. Un pour cent de la population domine trois quarts des ressources. Cette structure d'extraction extrême permet de concentrer en un nombre réduit de mains la décision sur des budgets massifs, ce qui tend à expliquer comment l'État, la personne du pharaon, ou encore l'Église, la classe des prêtres, dont les relations avec la famille royale sont aussi tendues que proches génétiquement, sont parvenus à bâtir pyramides et temples et à laisser des vestiges sidérants. L'inégalité extrême laisse des traces sans égales.

TABLEAU 1.1
L'ordre pharaonique

Degré	Titre	Ressources (pharaonic dollars)	Nombre	revenu du degré
7	Pharaon	10 000 000	1	10 000 000
6	Gouvernement	1 000 000	10	10 000 000
5	Élite	100 000	100	10 000 000
4	Barons	10 000	1 000	10 000 000
3	Notables	1 000	10 000	10 000 000
2	Responsables	100	100 000	10 000 000
1	Contremaîtres	10	1 000 000	10 000 000
0	Paysans	1	10 000 000	10 000 000
Total			11 111 111	80 000 000

Cette pyramide exponentielle fournit un exemple d'inégalités inouïes. Chaque cercle supérieur, x fois plus restreint que le précédent (ici x = 10), est y fois plus riche (y = 10) par individu. Le rapport y/x est une approximation rapide mais relativement correcte de l'ordre de grandeur du coefficient *a* de Pareto ainsi que du coefficient de Gini. Ici, la valeur de 1 permet d'extraire de la base paysanne des ressources extraordinaires, celles nécessaires à l'édification des grandes pyramides. Ce modèle d'inégalités pharaoniques est un exemple typique de loi de Pareto simplifiée. Il est général et s'applique globalement à la plupart des situations d'empilement hiérarchique dans une organisation.

L'idée la plus réaliste, celle d'Edward Lazear et Sherwin Rosen, est celle d'organisations où la hiérarchie interne correspond à des rangs établis par des tournois successifs, la rémunération selon la loi de Pareto étant dès lors une fonction exponentielle de ce rang[1].

1. G. Udny Yule, « A mathematical theory of evolution based on the conclusions of Dr. J. C. Willis », *Philosophical Transactions of the Royal Society of London*, série B, vol. 213, 1925, p. 21-87 ; Herbert A. Simon, « On a class of skew distribution functions », *Biometrika*, vol. 42, nº 3-4, 1955, p. 425-440 ; Edward

Richesse et patrimoine dans la Rome antique

Un exemple similaire, documenté et analysé par Branko Milanovic [1], est celui de l'armée et de la société romaine. Le légionnaire romain reçoit une paye annuelle de 1 200 sesterces, notés HS, soit 300 deniers. Une dizaine de soldats de base (huit, en réalité, mais simplifions) membres d'un *contubernium* sont dirigés par un légionnaire mieux expérimenté, le *decanus*, dont la paye est inférieure à 1 000 deniers. Le centurion, premier rang des officiers de l'armée romaine, reçoit une solde annuelle de 10 000 HS. L'armée romaine est un empilement de groupes, où – pour arrondir, de nouveau, et simplifier – une dizaine de centuries forment une cohorte sous le commandement d'un centurion expérimenté, le *Pilu prior*, recevant annuellement 30 000 sesterces. Dix cohortes forment une légion, commandée par un centurion supérieur, *Primus pilus*, siégeant aux réunions de l'état-major. La légion avait à sa tête le légat, officier supérieur de rang sénatorial, situé autour de 100 000 HS par an. Au faîte de sa splendeur, l'Empire comptait une trentaine de légions, directement sous le contrôle de l'empereur, émargeant autour de 300 000 sesterces. Telle est la structure généralement retenue de la forme économique de l'Empire romain [2].

Nous avons ici un exemple de loi de Pareto : la société n'est pas une série de loteries à la Quételet où la combinaison de gains et de pertes personnelles produit une répartition inégale, certes, mais au bout du compte ramassée autour de sa moyenne. Cet

---

P. Lazear et Sherwin Rosen, « Rank-order tournaments as optimum labor contracts », *Journal of Political Economy*, vol. 89, n° 5, 1981, p. 841-864.

1. Branko Milanovic, *The Haves and the Have-Nots : A Brief and Idiosyncratic History of Global Inequality*, New York, Basic Books, 2010.

2. Évidemment, ces données ne donnent qu'une idée biaisée du niveau de vie réel. Comme les fonctionnaires italiens d'aujourd'hui, s'ils devaient se contenter de leur salaire pour vivre, ils ne le pourraient pas. Travaux et expertises annexes, aides et héritages de la famille, plus le reste, sont des compléments indispensables.

empilement parétien reflète au contraire une structure organisationnelle implicite en cercles hiérarchisés concentriques, un peu à la manière de la *Città del Sole* de Campanella[1], où le *decanus* est au légionnaire de base ce que le légat est aux centurions de cohorte, chaque chef d'échelon pouvant gérer une dizaine de subalternes différents, mais guère plus, pour une rétribution triple. Chaque échelon domine ainsi un nombre similaire x de subalternes, et reçoit en retour un revenu y fois plus élevé. Ici, x vaut 10 et y vaut 3. Il reste à savoir pourquoi ce supplément de revenu existe. Pour les uns, c'est la rétribution de l'effort du supérieur hiérarchique ; pour les autres, une assurance sur sa prise de responsabilité, une prime scellant la « relation de service » assurant à l'employeur – l'échelon du dessus – que le travail de gestion sera réalisé[2]. Pour d'autres encore, c'est un détournement (une exploitation relative) des échelons inférieurs ; les derniers constateront en menant les calculs que chacun prélève un pourcentage fixe de la masse salariale des rangs inférieurs, chaque chef, grand ou petit, n'absorbant au bout du compte qu'une partie tout à la fois substantielle et pourtant modeste des échelons inférieurs, modeste surtout lorsqu'elle est comparée aux inégalités pharaoniques de l'Égypte ancienne, ou simplement par rapport aux coûts cognitifs d'assurer une chefferie de cette nature.

Ces structures verticales d'ordres empilés sont d'une importance considérable : elles signifient que, pour que les inégalités soient extrêmes, il est nécessaire que chaque cercle soutienne le niveau supérieur en exerçant sur le niveau inférieur une poussée (une tension) la plus forte possible. Un système d'exploitation extrême doit trouver tout au long de la structure des relais zélés, prêts à

1. Tommaso Campanella, *La Cité du Soleil*, trad. Arnaud Tripet, Paris, Mille et Une Nuits, 2000.

2. C'est ainsi que John Goldthorpe conceptualise la « *Service class* » qui forme l'équivalent international des cadres supérieurs de la classification socioprofessionnelle française. John Goldthorpe et Robert Erikson, *The Constant Flux : A Study of Class Mobility in Industrial Societies*, Oxford, Clarendon Press, 1992.

accepter du niveau supérieur un écart hiérarchique qui n'est acceptable, au bout du compte, que si on est en mesure de le reporter à son tour sur les niveaux du dessous.

On conçoit ici comment cette structure de la verticale romaine se fonde sur la combinaison de deux réalités : d'abord celle, plus statique, de la classe de naissance – contrairement au simple citoyen romain qui fera ses premières armes dans le rang, le jeune sénateur rejoindra l'état-major de la légion au grade de tribun laticlave. Ensuite se trouve la réalité dynamique des carrières et des aléas de la guerre, une forme de méritocratie et de loterie des armes, à travers laquelle le légionnaire peut gravir les échelons jusqu'au centurion primipile et le jeune sénateur supplanter tous ses concurrents au long du *cursus honorum*, être porté en triomphe sur la *Via Sacra* puis jeté de la roche Tarpéienne : toute une loterie de la vie et de la mort assurant une mobilité sociale inattendue dans un ordre pourtant propice à l'émergence de castes. Pareto appelait cela « circulation des élites », où même dans un système apparemment bloqué, il reste toujours quelques marges d'expression, sinon au talent, en tout cas à l'ambition et à ses travers. Cette mobilité se mesure à l'espérance de vie médiocre des césars et aux faibles probabilités d'hériter directement de la charge suprême.

Cette mobilité sociale importante, sinon extrême, trouve tout son sens dans la loi de Pareto. Au milieu de la légion, dans le cas général, le légionnaire moyennement ambitieux peut espérer, s'il gagne une dizaine de rangs, passer un jour centurion, mais guère s'élever au-delà de ce grade. Au sein de l'ordre sénatorial, c'est-à-dire parmi les six cents familles au sommet de la pyramide romaine, dix places est ce qui manque pour passer du second au premier cercle, celui où succéder à César est vraiment probable. C'est une des magies noires de la loi de Pareto : au sein de la masse, voire des classes moyennes, attendre son tour ou jouer des coudes ne modifie que marginalement son sort, puisque l'opération permet au mieux de passer d'une masse à une autre, certes plus étroite et mieux rémunérée, mais ici la différence est relative.

En revanche, à proximité du pyramidion de la verticale du pouvoir, quelques rangs gagnés font passer de l'anonymat obscur à la pleine lumière, où la jouissance du pouvoir procure une vie excitante, confortable, pleine de ressources, de *libido dominandi*, et incroyablement risquée. Les aigles côtoient les vautours.

Cette verticale du pouvoir dans la légion et l'État romain correspond à un coefficient *a* de l'ordre de 0,3 ou 0,4 – pour le revenu précisons-le[1]. Cette représentation reste problématique simplement parce qu'elle fonde ses calculs sur une hypothèse forte selon laquelle les esclaves, au titre d'humains vivants, sont titulaires d'un revenu de 200 sesterces (le prix annualisé de la ration de pain). Dans une autre conceptualisation, ils pourraient être considérés au contraire comme un élément du capital, un bien d'équipement pour ceux qui s'élèvent au-dessus du menu peuple. Par ailleurs, cette lecture de l'Empire romain comme un monde aux inégalités comparables à celles des États-Unis d'aujourd'hui peut poser question lorsqu'on examine de près le train de vie des personnages les plus éminents de l'Empire. Derrière le revenu, la ressource patrimoniale pourrait avoir été primordiale. Ainsi, on apprend que pour assurer sa position impériale, Tibère offre 300 millions de sesterces à son armée, une somme qui semble ne pas représenter la totalité de sa fortune, comme en atteste une partie – résiduelle – de ses biens, que l'on peut encore visiter, en particulier ses *villae* à Capri dont la magnificence excède de loin celle des caprices extrêmes du capitalisme américain comme le Xanadu 2.0 de Bill Gates, bien modestes folies.

La dimension cachée de l'Empire romain – et d'autres sociétés – relève du patrimoine. La solde du légionnaire représente l'essentiel de ses ressources jusqu'à sa retraite, mais il peut espérer ensuite un petit domaine conquis aux limites de l'Empire, une modeste villa qui lui donnera l'impression de passer à la classe supérieure des propriétaires fonciers. Les émoluments des sénateurs

1. Le coefficient de Gini romain devait être situé un peu au-dessus de 40 %. B. Milanovic, *The Haves and the Have-Nots*, *op. cit.*, p. 51.

correspondent plus à des frais de représentation, autrement dit un vague pourboire en regard de leur fortune familiale, ou des ressources exceptionnelles extraites par corruption d'une part, par pillage et redistributions aux vainqueurs de territoires nouvellement conquis de l'autre. Le patrimoine échappe complètement à la « tyrannie de la moyenne » chère à de nombreux statisticiens. Pareto nous permet de comprendre ces distributions extrêmes où quelques-uns sont amenés à posséder à peu près tout : ici, la loi normale n'approxime pas la réalité à une erreur statistique près, elle est en réalité une faute conceptuelle qui interdit de comprendre le monde réel.

L'égalitarisme tout relatif de la légion dissimule une réalité bien différente de tension extrême entre le gagne-petit du quartier de Suburra et les anciennes familles de l'ordre sénatorial, ayant leur résidence romaine sur la colline palatine, leur villa en Campanie, un palais sur le port de Baia. Il y a fort à penser que le monde romain ressemble à certains pays d'Amérique latine où le rapport du patrimoine au revenu correspond à des dimensions vertigineuses.

L'effet de fronde

Revenus et patrimoines représentent dans une même société deux ordres hiérarchiques dont la correspondance et les relations demeurent méconnues. L'opposition entre les plus hauts revenus et les patrimoines les plus élevés révèle des contrastes multiples. En termes de classes sociales, le sommet des rémunérations (le revenu à l'exclusion des gains liés à la propriété du capital) exige des diplômes, une carrière, la possession et la fructification d'une entreprise ou des responsabilités obtenues dans de grandes organisations étatiques ou industrielles à la suite d'un long processus de sélection. Les patrimoines les plus élevés sont en revanche le fait de seniors qui ont eu le temps soit de faire fructifier leur affaire, soit – ou avant tout – d'hériter des biens de leurs ancêtres, ce qui advient de plus en plus tardivement dans la vie, aujourd'hui bien au-delà de l'âge de soixante ans.

La porosité du pur groupe des hauts revenus vers celui des hauts patrimoines existe, bien qu'elle reste limitée, mais elle opère aussi dans le sens inverse. Les enfants de possédants ont de plus fortes probabilités de fonder leur entreprise en attendant d'hériter un jour du reste ; la possession d'un patrimoine élevé provoque nécessairement des flux de revenus, que l'on peut tenter de réduire pour éviter l'impôt. Inversement, des revenus importants dissimulent souvent la constitution en parallèle d'un patrimoine qui peut devenir considérable. Techniquement, le coefficient de corrélation entre les deux dimensions que sont le revenu et le patrimoine vaut 0,56 aux États-Unis et 0,40 en France.

Mais que cache la relation entre les deux pyramides, celle du revenu et celle du patrimoine ? Cette correspondance signifie une vertigineuse perspective d'ascension aux sommets. Nous avons vu que gagner dix rangs dans un groupe massif de milliers d'individus n'a pas de conséquence sensible ; améliorer son sort de dix rangs à proximité des sommets a des conséquences considérables.

Un autre aspect vertigineux est celui qui relève de l'effet de fronde[1] : un accroissement substantiel du coefficient *a* aura des conséquences tangibles pour la masse de la population, pour ceux proches de la moyenne, et sidéraux au sommet. Replaçons-nous dans la structure d'empilement de l'Empire romain, que nous imaginerons présenter sept niveaux (et donc six écarts), et imaginons un accroissement du coefficient *a* de Pareto de 0,3 à 0,4. Cela signifie qu'à chaque niveau supérieur, comprenant des effectifs dix fois moins nombreux, plutôt que de gagner 3 fois plus, le rapport passe à 4. Dans le cas initial, où le coefficient entre chaque degré est de 3, l'empereur peut espérer 729 fois le revenu du

1. Cet effet de fronde ainsi qu'une nouvelle méthodologie d'analyse des inégalités économiques ont fait l'objet d'une recherche récente dans Louis Chauvel, « The intensity and shape of inequality : The ABG method of distributional analysis », *Review of Income and Wealth*, vol. 62, n° 1, 2016, p. 52-68.

légionnaire de base ; dans le cas suivant, César voudra bien accepter une rétribution 4 096 fois supérieure à celle du soldat. Considérons maintenant un passage non pas de 3 à 4, mais de 3 à 6, ce qui correspond à la différence d'intensité entre les inégalités de revenus et celles du patrimoine en Europe aujourd'hui. Au septième niveau, si effectivement les empilements relèvent de la même logique parétienne, César aurait un patrimoine 46 656 fois plus élevé que celui du légionnaire. On saisit mieux maintenant comment Tibère parvient à sortir de son coffre 300 millions de sesterces pour acheter la fidélité de son armée. Évidemment, je sens poindre l'argument : sept cents, quatre mille, quarante mille, même bien plus dans le monde pharaonique, qu'est-ce que ces chiffres extravagants peuvent donc changer. En réalité, les ordres de grandeur signalent l'intensité de l'écrasement économique de la base par une verticale qui tend à l'infini.

L'effet de fronde rend compte de la stupéfaction de Thomas Piketty lorsqu'il analysait, voilà quinze ans, les successions des « 200 familles » (en réalité le dix-millième le plus riche) au long du XXe siècle[1] : il lui semblait qu'une erreur d'ordre de grandeur, peut-être d'un rapport de un à dix, s'était introduite dans les données du début du siècle. Les « 200 familles » léguaient alors 700 fois plus que les « classes moyennes » – ainsi Piketty désigne-t-il le début du décile supérieur, qui se situe donc bien au-dessus de la moyenne –, et le rapport n'est plus que de 50 en 1994. Un changement sensible au centre a des effets vertigineux aux extrêmes.

Cet effet de fronde signifie que les changements de forme de répartition qui engendrent des différences sensibles dans la partie médiane de la distribution suscitent aux extrêmes des transformations considérables. Il explique que la concurrence entre individus situés autour de la médiane reste la plupart du temps dans les limites de la civilisation : progresser de quelques rangs sur l'échelle des positions n'a guère de conséquence sensible sur le

1. Thomas Piketty, *Les Hauts Revenus en France. Inégalités et redistributions (1901-1998)*, Paris, Grasset, 2001 ; rééd. Seuil, « Points Histoire », 2016.

niveau de vie. Au contraire, proche des extrêmes, progresser ou déchoir de quelques rangs peuvent avoir de lourdes conséquences : à l'approche des cimes, chacun sait que le second est à la première place des perdants, qui devront rentrer dans le rang ou se préparer au pire, si ce n'est les deux.

Cet effet de fronde est à l'origine aussi d'un phénomène inquiétant de gagnant-rafle-tout (*winner-take-all*). La réalité des inégalités anthropométriques, celles des variations dans les capacités humaines, en matière de taille, d'intelligence, d'espérance de vie, etc. se termine à son sommet par une loi normale dont la caractéristique est de s'interrompre assez vite. Quant à lui, le système des rétributions extrêmes, comme les salaires des dirigeants des plus grandes entreprises, le bonus des traders, les émoluments des joueurs de football, le tirage des best-sellers, etc. sont au sommet du monde de Pareto. Au travers de ce que nous savons des succès scolaires en France à l'âge de quinze ans, les inégalités de réussite aux tests scolaires se répartissent selon un coefficient de Gini de l'ordre de 0,10 à 0,12, selon la discipline, tout comme les notes moyennes susceptibles d'être calculées. De telles inégalités sont assez résiduelles : pour dire vite, du dixième le plus lent au plus rapide, l'écart est de de 1 à 1,55. Cette relative égalité de capacités cognitives à l'adolescence correspond quinze ans plus tard à des inégalités de revenu dont le Gini vaut 0,35, correspondant à un rapport interdécile de 1 à 3. L'effet de fronde implique ici que des différences infimes dans des résultats académiques peuvent correspondre à des différences considérables de niveau de vie, et plus encore en termes de patrimoine : le centième le plus intelligent, si on peut dire, est 1,6 fois plus rapide que la médiane, alors que le centième le plus riche gagne 4,5 fois plus. Au-delà, les écarts sont des gouffres. Nous concevons dès lors pourquoi la concurrence au sommet de la pyramide scolaire, tout en restant civilisée, exprime une violence située au-delà du symbole. Une différence de rien peut tout changer.

Le dernier aspect de l'effet de fronde est celui qui accompagne le parallélisme entre revenu et patrimoine. En moyenne, les inégalités de revenu dans les pays européens se mesurent par un coefficient de Gini de l'ordre de 0,33, alors que pour le patrimoine il s'agit d'un coefficient de 0,66. Du côté du revenu, le décile supérieur est deux fois au-dessus du revenu médian, alors que le patrimoine du décile supérieur est quatre fois au-dessus de sa médiane respective. Les niveaux centilaires sont de 4,5 pour le revenu et de 20,7 pour le patrimoine. Le millième supérieur donne 9,8 contre 95,4. Pour le dix-millième nous passons à 21 versus 435. Puis, pour le cent-millième, 43 versus 1933. Plus la structure des inégalités est forte – et le cas du patrimoine est extrême –, plus les écarts aux sommets prennent des proportions exorbitantes.

Ces rapports de niveaux de revenu et de patrimoine peuvent s'exprimer en nombre d'années d'accumulation : aux sommets, les patrimoines les plus extrêmes représentent des siècles d'accumulation de revenus extrêmes. Cet effet de fronde selon lequel aux extrêmes le rôle du patrimoine est de plus en plus puissant permet de concevoir des faits *a priori* impossibles : des patrimoines équivalant à des millénaires d'accumulation de revenus millionnaires supposent des vies à proportion, ou des dynasties industrielles étirées sur des siècles, gérant de la façon la plus scrupuleuse leurs héritages et leurs unions sur des générations – la chose existerait presque dans le VIIe arrondissement de Paris, mais ce « presque » exprime bien l'écart. En réalité, la chose n'est possible qu'en raison des revenus exceptionnels suscités par exemple par la vente d'une société en pleine phase d'expansion, ou par les plus-values longues de biens très judicieusement placés. La loterie et ses initiés côtoient ici le génie industriel et ces jeux de talents et de hasard où le gagnant raflera toute la mise.

De cet effet de fronde découle l'impression très particulière de pouvoir arrogant qui nimbe les capitales économiques des grands empires, ceux d'aujourd'hui ou d'avant-hier. Nous y visitons, réellement ou par la pensée, des palais dont le luxe se situe au-delà de ce que nous savons des revenus de leurs contemporains : la Morgan Library, la Frick Collection, les Vanderbilt houses de la Fifth Avenue, comme les vestiges du mont Palatin,

GRAPHIQUE 1.2
Strobiloïde du revenu et du patrimoine en euros 2010
(100 = médiane du revenu ;100 = médiane du patrimoine)

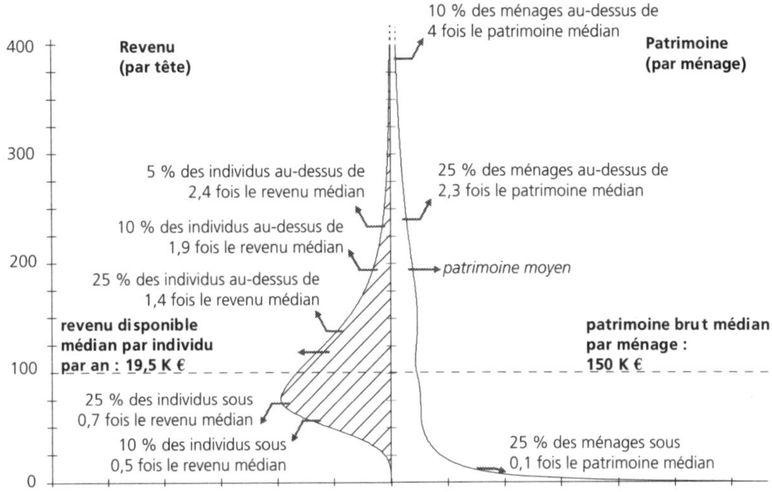

Note : 100 représente la médiane des revenus (respectivement : des patrimoines). Le large renflement au centre du strobiloïde des revenus permet de révéler une forte classe moyenne, située à égale distance des extrêmes. Du côté des patrimoines, il n'existe pas de classe « médiane », typique de la structure en forme d'aligot auvergnat. Source : Budget des ménages 2010 et Patrimoine 2010.

les Villae Jovis et Hadriana, tout comme les lieux de pouvoir des grands empires d'aujourd'hui, expriment des ressources sans commune mesure avec les revenus tels qu'ils nous sont connus : les grandes accumulations patrimoniales sont là. Le problème des inégalités inouïes ici constituées pourrait demeurer sans importance pour le commun des mortels si la question du patrimoine se situait à l'écart, au-dehors, au-delà ou complètement au-dessus des conditions d'existence des classes moyennes. En réalité, ce patrimoine est fondamental aussi au cœur même des classes moyennes d'aujourd'hui : si les nouvelles classes moyennes salariées du XXe siècle se sont construites dans un processus de perte de vitesse du patrimoine – dans le contexte, pour dire vite, de l'immédiat après-Seconde Guerre mondiale – et dans un idéal de réalisation méritocratique de soi par le travail, le plus souvent salarié, ouvrant sur une retraite égalitaire et néanmoins confortable, la situation nouvelle signifie un complet changement, une nouvelle révolution en sens inverse. Sans patrimoine ni matrimoine, peu de salut.

La repatrimonialisation en France

Le vertige des classes moyennes trouve ici sa source principale. Lorsque le modèle des nouvelles classes moyennes salariées était en expansion dans le contexte de développement de la société salariale, le patrimoine pouvait être considéré comme une forme résiduelle d'un passé en voie de résorption et ne jouer qu'un rôle secondaire, en dernière instance. Même s'il existait encore, il était appelé à disparaître. Les fruits du travail gagnaient alors en importance par rapport à l'accumulation patrimoniale. Ces réalités sont encore dans la mémoire de ceux qui ont connu les années 1970. Les conséquences de la reconstitution de l'accumulation patrimoniale depuis les années 1990 – que j'exposais dans *Les Classes moyennes à la dérive*[1] en comparant les strobiloïdes du revenu et du patrimoine – ont été généralisées au long de l'ouvrage de Piketty[2]. La repatrimonialisation signifie, en particulier au sein des classes moyennes, une distorsion croissante, préalable à un écartèlement, voire une rupture de continuité, entre les classes moyennes dotées d'un substantiel patrimoine net, sans remboursement de prêts, par opposition aux autres, propriétaires endettés ou locataires, dont les conditions économiques d'existence sont d'une tout autre nature. Ce vertige des inégalités patrimoniales est un facteur important de déstabilisation des classes moyennes. Comment pouvons-nous caractériser cette nouvelle dynamique ?

1. Louis Chauvel, *Les Classes moyennes à la dérive*, Paris, Seuil-La République des idées, 2006.
2. Thomas Piketty, *Le Capital au XXIe siècle*, Paris, Seuil, 2013.

Le constat général est le suivant : en moyenne, le rapport patrimoine sur revenu – autrement dit le nombre moyen d'années d'accumulation du revenu nécessaire à la constitution du patrimoine –, après avoir chuté au XXe siècle jusqu'au point bas des années 1980, autour d'une valeur de deux ans, se rapproche aujourd'hui de six ans. Cette multiplication par trois du rapport, du fait de l'effet de fronde, prend des proportions difficiles à concevoir au sommet de la pyramide. Pour ceux qui étaient déjà détenteurs de biens patrimoniaux – ou pour les familles concernées –, cette tendance est un effet d'aubaine historiquement extraordinaire. La situation nouvelle n'est pas l'inégalité mais le passage d'un régime d'inégalités modérées à la situation qui prévalait précédemment : celle d'écarts extrêmes entre ceux qui ont et les autres. Inversement, pour les nouvelles générations en cours d'acquisition de leur logement, et en particulier lorsque la parentèle n'est pas en mesure d'apporter une aide, le contexte nouveau est à la fois celui de coûts exorbitants – l'endettement prenant des proportions extrêmes, tout comme l'effort financier lié au remboursement – associés à une prise de risques considérable : toute variation des marchés immobiliers, des taux d'intérêt, ou simplement les aléas de la vie (rupture dans la carrière, divorce, décès, etc.) peuvent déstabiliser l'ensemble de l'œuvre d'une vie.

D'un point de vue empirique, pour la vie de tous les jours, la facette concrète du patrimoine relève avant tout de la propriété du logement. La part croissante de la résidence principale dans le budget des ménages, en particulier des classes moyennes, est une tendance longue dont l'accélération au cours des vingt dernières années marque notre époque. En comparaison internationale, cette tendance est confuse, et correspond à des modèles nationaux de conjoncture économique, de relations entre le secteur privé et social, ainsi qu'aux transformations de l'industrie financière. Deux paradoxes peuvent être soulignés ici. L'importance de ce besoin de logement et les masses financières mises en jeu devraient conférer à ce secteur une forte inertie, mais, au contraire, nous observons des fluctuations erratiques, une volatilité spéculative, incohérentes en comparaison internationale, comme le montrent les contrastes saisissants de part et d'autre du Rhin par exemple. Le secteur du logement – l'investissement « pierre » – est la figure même de la stabilité, mais il apparaît comme aussi volatil que le reste, voire bien plus. Le second paradoxe est celui du manque d'information sur un aspect pourtant central, d'un poids écrasant, de la vie de tous les jours. La constitution de séries longues, un peu détaillées, où nous connaîtrions la structure démographique d'âge, de diplôme ou de taille des ménages, avec en regard la qualité des biens immobiliers détenus, sur quelques décennies, relève presque de l'équation impossible.

Ces transformations exorbitantes de la structure des prix peuvent se mesurer aux indices des biens immobiliers comparés à ceux des revenus des ménages. Les données de l'*International House Price Database*, qui assemble des données nationales comparables à celles constituées par Jacques Friggit, pour le Conseil général de l'environnement et du développement durable [1], permettent de suivre sur le long terme l'indice de prix des logements. Dans cette comparaison internationale, les problèmes statistiques ne manquent pas. En particulier, la diversité géographique pose des problèmes de tyrannie de la moyenne : dans la plupart des pays étudiés ici, les biens immobiliers ont connu une dynamique contrastée entre les quartiers exclusifs des plus grandes agglomérations et les zones pauvres et reculées.

L'Allemagne, dont la pression démographique est moindre et le système financier plus orienté vers l'investissement industriel qu'en direction de la spéculation immobilière, met en évidence un indice des prix immobiliers stagnant qui dissimule un écroulement de l'indice pour les régions reculées contrastant avec le renchérissement des zones économiquement les plus actives, de la Bavière et de Francfort notamment. Les dernières années montrent une ascension nouvelle. La situation est bien plus complexe aux États-Unis, où, après la crise de 2008, Manhattan a bénéficié d'un maintien de la valeur de l'indice alors que la Floride des villes

1. <www.cgedd.developpement-durable.gouv.fr/prix-immobilier-evolution-a-long-terme-a1048.html>.

GRAPHIQUE 1.3

Indice des prix des maisons (*real housing price index*) en lignes à points et indice de niveau de vie des ménages (lignes fines) dans six pays (valeur 100 en 2000)

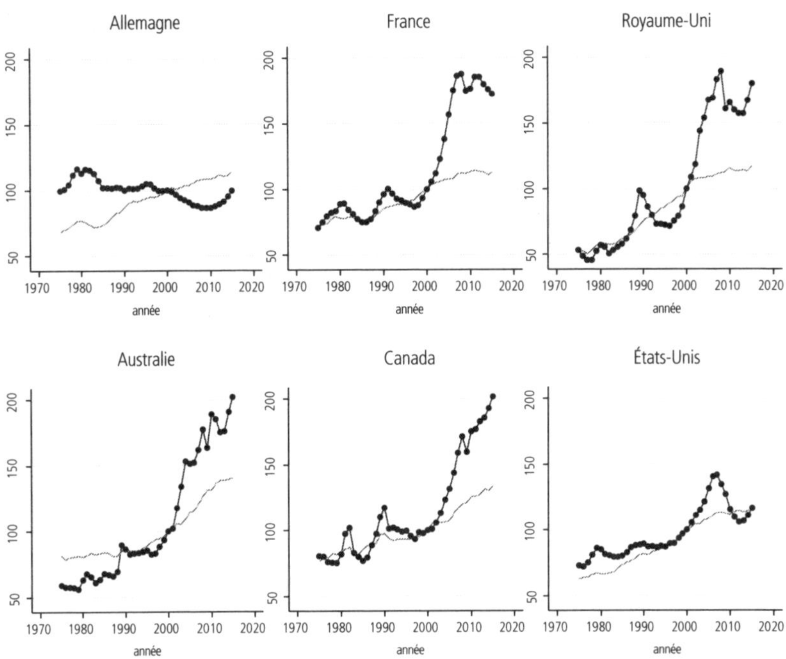

Source : International House Price Database, Federal Reserve Bank of Dallas[1].

moyennes, par exemple, a connu des baisses jusqu'à 50 %. Alors que l'Amérique des classes populaires et intermédiaires a perdu une part considérable de son patrimoine, celle des élites a consolidé la valeur de ses biens.

Ces transformations de l'indice des prix de l'immobilier soulignent les chances divergentes de plus-values immobilières au

1. Adrienne Mack et Enrique Martínez-García, « A cross-country quarterly database of real house prices : A methodological note », Federal Reserve Bank of Dallas, Globalization and Monetary Policy Institute, Working Paper n° 99, 2011.

cours des années récentes : nulles, jusqu'à l'aube des années 2010, pour l'Allemagne, faibles et instables aux États-Unis, considérables en France, au Royaume-Uni et dans ses anciennes dépendances, puisque des années 2000 à 2010, nous avons assisté à un quasi-doublement. Cela signifie pour les ménages structurellement propriétaires en 2000 (en moyenne, les personnes aisées de plus de 50 ans de l'année 2000) des opportunités de plus-value longue du patrimoine d'une intensité historiquement inédite depuis le XIXe siècle.

TABLEAU 1.2

Revenu, patrimoine et plus-values (en euros et en %), par groupes de déciles et de centiles du niveau de vie – France euros 2010

Déciles / centiles	Niveau de vie (R)	Patrimoine (P)	P/R	Patrimoines substantiels (supérieurs à 200 000)	Supplément de revenu	Supplément de revenu parmi les petits patrimoines	Supplément de revenu parmi les patrimoines substantiels
Décile 1	8 429	94 069	11,2	16 %	64 %	30 %	251 %
Décile 2	12 301	97 562	7,9	14 %	25 %	11 %	114 %
Décile 3	14 854	117 233	7,9	17 %	24 %	11 %	89 %
Décile 4	17 204	145 813	8,5	26 %	26 %	11 %	66 %
Décile 5	19 613	156 160	8,0	29 %	25 %	12 %	56 %
Décile 6	22 287	173 777	7,8	36 %	24 %	11 %	48 %
Décile 7	25 380	250 918	9,9	44 %	30 %	10 %	54 %
Décile 8	29 521	257 977	8,7	51 %	27 %	10 %	44 %
Décile 9	36 387	357 025	9,8	67 %	30 %	10 %	41 %
Centile 90-95	47 765	543 984	11,4	83 %	36 %	8 %	41 %
Centile 96-99	70 763	881 678	12,5	87 %	38 %	6 %	43 %
Centile 100	192 835	3 081 388	16,0	94 %	51 %	4 %	54 %

Source : « Eurosystem Household Finance and Consumption Survey », HFCS, 2010.

Elles signifient aussi autre chose, une fois comparées à l'indice du revenu des ménages : pour les ménages tardivement propriétaires, ce qui est plus général pour les générations de moins de quarante ans sur cette période, il conviendra de travailler deux fois plus longtemps pour acheter le même bien. Un scénario qui n'est pas encore écrit, mais il ne faut pas être prophète pour déchiffrer ces lignes dans le livre de la société de demain, est que les acquéreurs des années 2005 et suivantes pourraient s'être lourdement endettés pour connaître au bout du compte des plus-values moins favorables.

Ce doublement des tailles moyennes des patrimoines français au cours de la décennie 2000 est confirmé par les enquêtes Patrimoine de l'Insee ; sa cause principale n'est pas un supplément d'épargne mais simplement la hausse considérable des prix de l'immobilier qui a rehaussé la valeur des biens des possesseurs. Est-il possible de quantifier au cours des années récentes les conséquences en termes de revenu de l'expansion massive de la valeur des patrimoines ? Une solution à cette question est de comparer aux revenus réels les plus-values sur dix ans. Il s'agit de répartir ainsi sur dix années la moitié du patrimoine constaté en 2010.

À l'exception du décile le plus bas [1], nous reconnaissons ici aussi l'effet de fronde : le ratio P/R croît au long de l'échelle de revenus, comme les détenteurs de patrimoine et le pourcentage de revenus supplémentaires représentés par les plus-values du patrimoine des années 2000. Les classes moyennes ne sont certes pas centrales dans l'accumulation patrimoniale – structurellement la chose est impossible –, mais il reste qu'au sein des déciles centraux de la distribution, l'apport représenté par les plus-values du patrimoine suscite une distorsion majeure entre les titulaires d'un patrimoine significatif et ceux qui n'ont pas grand-chose : ces plus-values sur dix ans représentent un supplément de revenu

1. Dont quelques membres peuvent soutenir un niveau de consommation décent alors que leurs revenus sont très faibles grâce au support d'un petit patrimoine, comme c'est le cas pour certains artisans, commerçants ou agriculteurs.

implicite de l'ordre de 25 % pour les déciles intermédiaires, ce qui est déjà considérable. Avec plus de détail, pour les seuls propriétaires d'un patrimoine de plus de 200 000 euros, ces plus-values sur dix ans ont représenté un apport implicite correspondant à la moitié de leur revenu. Les plus-values liées notamment à l'envolée des prix de l'immobilier ont représenté un supplément implicite de ressources véritablement considérable. Au sein des classes moyennes, ces plus-values ont eu un effet sensible, et représentent une distorsion majeure entre les propriétaires et les autres.

Cette distorsion dissimule bon nombre de chausse-trappes conceptuelles, mais aussi existentielles. D'abord, les ressources dont il s'agit sont virtuelles, leurs heureux bénéficiaires n'ayant en général aucune conscience du phénomène – il peut même s'agir d'un souci fiscal pour ceux qui revendront trop tôt pour bénéficier d'exemptions de cette plus-value, et pire encore pour ceux qui se découvrent redevables de l'impôt sur la fortune. Ensuite, il suffit de peu pour que le balancier fasse marche arrière – comme ce fut le cas aux États-Unis après 2008 – pour réduire à néant l'aubaine d'hier. Enfin, l'épée de Damoclès du retournement menace l'ensemble de ceux qui, massivement endettés auprès de leur banque, ont acheté au prix fort un bien dont la valeur au long terme – même bien avant – pourrait avoir été surestimée de beaucoup. Il n'est pas ici de bonheur sans partage.

Cette émergence nouvelle du patrimoine comme élément central, stratégique, du bilan financier des ménages, et de leur vie de tous les jours, forme la facette plus évidente de la dynamique de repatrimonialisation. C'est là un paramètre nouveau, inattendu, susceptible de remettre en cause la structure de la société de classes moyennes salariées telle qu'elle se construisait dans les années 1970. Certains verront ici une attitude paradoxale, intrinsèquement pleurnicharde : souligner que le doublement de la valeur des patrimoines dans les années 2000 représente un dangereux facteur d'appauvrissement, un risque nouveau de déclassement, de déstabilisation de l'édifice social, voilà une étrange posture. D'autres n'y verront que de bonnes choses. Ce n'est peut-être pas le cas des agrégés de l'enseignement secondaire pour qui une année de salaire représentait l'équivalent de 9 mètres carrés dans le Paris du début des années 1980, et moins de 3 aujourd'hui.

Comment cette progression patrimoniale peut-elle être en même temps un facteur aggravant du vertige ? En réalité, l'intégration de ces plus-values est d'une importance considérable pour l'analyse des inégalités économiques. Du point de vue du coefficient de Gini, qui se situe autour de 0,335 lorsque l'on considère les données de l'*Eurosystem Household Finance and Consumption Survey* (EU-HFCS), les inégalités françaises sont stables, et presque immuables dans les données du *Luxembourg Income Study* (LIS). Si maintenant nous considérons l'effet des plus-values des années 2000 mentionnées ci-dessus, le coefficient de Gini français passe à 0,378 : ce bond de 4,3 points de base représente un choc comparable par son intensité à celui du néolibéralisme américain ou britannique dans les années 1980. En agissant en toute discrétion, d'une façon virtuelle, il n'a pas suscité les mêmes commentaires politiques.

Ces transformations ont déjà été explorées selon deux axes[1]. Le premier insiste sur l'architectonique particulière du patrimoine où, contrairement au revenu, nous ne trouvons pas de classe médiane, mais une polarisation extrême entre ceux qui ont réellement quelque chose et ceux qui n'ont vraiment rien. Le second montre l'intensité des tendances mondiales récentes de l'extension du rapport patrimoine sur revenu, dont la conséquence ultime est la reformation d'une classe d'héritiers-rentiers, économiquement séparée du sort de ceux qui doivent continuer à travailler pour vivre.

Il reste que la repatrimonialisation ne se trouve pas simplement dans la poche des ménages. La notion est bien plus riche en termes de théorie des sciences sociales. Elle signifie un handicap croissant pour ceux qui n'ont que leur salaire, mais aussi le rétablissement de modèles dynastiques de familles, où la gestion du patrimoine hérité est une dimension structurante de la relation

1. L. Chauvel, *Les Classes moyennes à la dérive*, *op. cit.* ; T. Piketty, *Le Capital au* XXI*e siècle*, *op. cit.*

intergénérationnelle. Elle est bien plus encore : elle rappelle que l'établissement de l'État-providence complexe et étendu[1] dont nous avons hérité signifiait la « démarchandisation » (le retrait du marché comme institution centrale de répartition des ressources), la « défamilialisation » (l'apparition de nouvelles formes d'accès, en particulier pour les jeunes, à l'autonomie – souvent par l'entrée précoce sur le marché du travail à travers un emploi stable), puis ultérieurement la « dégenderisation » (le principe d'autonomie permettant progressivement aux femmes de s'émanciper du statut de mère dépendante d'un chef de ménage mâle, assignée à la sphère domestique, ultimement de façon à réduire les différences socio-économiques fondées sur le sexe), et qu'il avait été fondé en outre sur une profonde dynamique de « dépatrimonialisation ». Il ne s'agit pas simplement de la séparation des droits à retraite de la disponibilité ou non d'un stock d'épargne préalable. C'est aussi une séparation des grands objectifs de l'économie sociale et publique des capacités des grandes puissances financières privées.

La dépatrimonialisation signifiait aussi la nationalisation de grandes entreprises précédemment familiales, la réduction du rôle des fondations privées dominées par des notables, la fin programmée du paternalisme comme mode de solidarité et d'encadrement social dans les grands sites industriels familiaux. Plus encore, elle allait de pair avec la réduction des effets dynastiques au sein même des appareils de l'État. La méritocratie scolaire des concours publics a été une tentative momentanément fructueuse de sortie du patrimonialisme comme type traditionnel d'organisation de l'État, fondé sur des charges susceptibles d'être transmises aux enfants. Les « deux cents familles » propriétaires de la Banque de France jusque dans l'entre-deux-guerres relèvent de cette réalité. La dissymétrie du pouvoir et le détournement de l'intérêt public par une oligarchie

1. Gøsta Esping-Andersen, *Les Trois Mondes de l'État-providence*, trad. François-Xavier Merrien *et al.*, Paris, PUF, 1999 [1990] ; Gøsta Esping-Andersen et Bruno Palier, *Trois leçons sur l'État-providence*, Paris, Seuil-La République des idées, 2008.

ou une ploutocratie a trouvé ici son exemple le plus évident. La dépatrimonialisation qui s'est opérée dans les années de la Libération et la Reconstruction a connu de vrais succès. Il reste que l'essoufflement de cette dynamique est à l'œuvre, préalable à une inversion tendancielle. La dépatrimonialisation n'a plus guère le soutien du peuple qui ne dénonce plus l'héritage. La dynamique des nouveaux pays émergents, acteurs centraux de la globalisation, est la plupart du temps fondée sur un capitalisme familial et de réseaux domestiques étendus, internationaux, compatibles avec un néo-patrimonialisme globalisé propice à l'émergence d'une nouvelle norme mondiale d'accession aux élites. Il convient donc de s'interroger sur l'avenir.

Max Weber faisait du patrimonialisme un modèle archaïque, sans avenir dans le capitalisme rationnel. Il reste que ce patrimonialisme familial a ses raisons que le calvinisme peine à saisir. L'établissement de réseaux de confiance capables d'exploiter les opportunités internationales situées en deçà ou au-delà du droit et des régulations est une ressource que la rationalité bureaucratique ne peut appréhender efficacement. La repatrimonialisation est un élément parmi d'autres du reflux de l'étatisme providentialiste. Le redéploiement du patrimonialisme, même sous des formes nouvelles, signifie de façon ultime le retour et la domination nouvelle des familles possédantes au sein même de l'appareil d'État. C'est une prophétie, mais les familles patrimoniales ont assez d'enfants cognitivement doués et entraînés, en attente d'un héritage qui ne saurait advenir avant la soixantaine d'années, pour fournir aux sommets de l'État une population de grands commis d'une certaine efficacité, qui pourraient le moment venu représenter de bons relais d'information et d'expertise, sinon d'influence dans les couloirs idoines. La perspective politique pour la verticale du pouvoir socio-économique est elle aussi assez vertigineuse.

Les paradoxes de l'inégalité et de la mobilité

L'inégalité extrême peut donner lieu à des configurations très différentes en matière de mobilité sociale, sous des formes souvent violemment paradoxales. La stabilité immuable du monde pharaonique est évidente quoique difficile à mesurer. La reproduction incestueuse au sommet du système est une manière d'assurer une forme de pérennité absolue de la stratification ; en réalité, celle-ci vole en éclats à chaque changement de dynastie, qui révèle les tensions dissimulées sous les apparences. Le cas romain y est opposé : les grandes incertitudes au sommet – les successeurs sont rarement les fils des prédécesseurs, ou, lorsque c'est le cas, ce sont des fils plus souvent adoptifs que génétiques – vont de pair avec une relative stabilité de l'ordre sénatorial qui reste le vivier des élites. L'inégalité extrême suscite tout à la fois d'imprédictibles loteries pour accéder aux cimes, mais d'évidentes barrières de classe en deçà.

Dans les sociétés modernes, les paradoxes sont d'une autre nature : la mobilité sociale extrême que l'on attribue par exemple à la société américaine, qui renvoie dans l'imaginaire à un pays d'opportunités ouvertes à tous les talents, pourvu qu'ils s'en donnent la peine, semble dissimuler une forte immobilité économique d'une génération à l'autre. C'est ce que Miles Corak appelle la « courbe de Gatsby le Magnifique » (*the Great Gatsby Curve*). En comparaison internationale, la reproduction du père au fils des inégalités de rétribution individuelle est fortement corrélée au coefficient de Gini du pays [1] ; la forte mobilité que l'on repère dans les pays nordiques contraste avec la forte reproduction socio-économique des États-Unis. D'autres variantes, comme la reproduction mère-fille, sont analysées de la même façon et

1. Miles Corak, « Income inequality, equality of opportunity, and intergenerational mobility », *The Journal of Economic Perspectives*, vol. 27, n° 3, 2013, p. 79-102.

produisent des résultats similaires. Cette reproduction est mesurée par l'« élasticité » du revenu, c'est-à-dire par la pente de la régression du logarithme des salaires des fils par celui des pères : alors, un pourcentage α des inégalités de rétributions entre fils provient de celle des pères. Dans un travail récent[1], nous avons standardisé et généralisé l'idée d'élasticité à la position relative sur l'échelle socio-économique des parents et des enfants.

GRAPHIQUE 1.4
Élasticité généralisée (logitrank) mesurant l'intensité de la reproduction socio-économique intergénérationnelle et coefficient de Gini. R^2=76 %

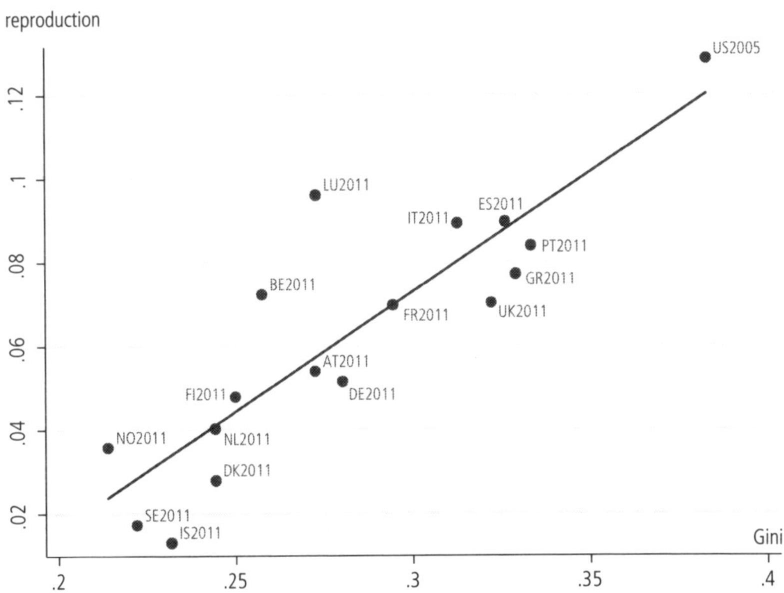

Source : EU-Silc 2011 et US-PSID 2003-2007. Le coefficient de Gini calculé selon les enquêtes des pays respectifs.

1. Louis Chauvel et Anne Hartung, « More inequality, more viscosity ? Intergenerational mobility in international comparison », document de travail présenté au congrès annuel de Population Association of America, Washington DC, 2016. <https://paa.confex.com/paa/2016/meetingapp.cgi/Paper/6597>.

Ce travail confirme la relation générale selon laquelle plus les pays sont inégaux, plus les enfants ont tendance à y occuper une position socio-économique proche – en termes de rang relatif – de celle des parents. Mais le paradoxe veut que, comme les pays inégaux ont une verticale plus étirée que les autres, l'impression de mobilité (en termes de pourcentage de variation du revenu) y est plus élevée aussi : les barrières sont plus étanches, mais étant plus espacées, les mouvements y sont plus amples.

C'est un symptôme plus que la démonstration définitive de la causalité immédiate entre des inégalités plus fortes et une reproduction sociale intergénérationnelle plus rigide. Si tel devait être le cas, l'expansion des inégalités économiques, soutenues en particulier par le patrimoine, nous entraînerait dans un monde où la méritocratie serait progressivement remplacée par la loterie de la naissance dans une famille riche ou pauvre.

Chapitre 2

Malaise dans la civilisation de classe moyenne

« Ils vont au hasard, avilis par l'effort de servir sans ardeur des choses dénuées de sens. »

Rainer Maria Rilke,
Le Livre de la pauvreté et de la mort, 1902
(traduction d'Arthur Adamov,
Actes Sud, 1982 [1941]).

Lorsque, deux années avant la crise de 2008, j'établissais dans *Les Classes moyennes à la dérive* le constat d'une fragilité des groupes centraux de la société, je m'intéressais aux premières étapes d'un processus long de désagrégation du noyau central de la société. J'anticipais alors la grande frustration qui naîtrait immanquablement de l'écart entre les tendances anciennes de progrès rapide, avant 1975, et la stagnation longue, entamée depuis plus d'une génération, entrecoupée de reprises suivies de rechutes. Ce diagnostic a suscité de nombreuses critiques en forme de déni qui, en réalité, amplifient le phénomène plus qu'ils ne le contiennent. Le malade proclamé en bonne santé est resté sans traitement, et le temps ne joue pas en sa faveur : les crises de 1975, 1984, 1993, 2000, 2008… montrent que l'horloge des cycles de Juglar est précise. L'absence de véritable rémission depuis 2008 pose aussi question sur l'état de la société lorsque les indicateurs seront de nouveau en berne : le pays sera-t-il encore en capacité de profiter d'une conjoncture plus favorable ?

Si l'on peut accepter l'idée qu'en France les classes moyennes bénéficient d'une dynamique plus favorable qu'ailleurs, au regard de la déstabilisation que l'on peut repérer notamment dans le reste de l'Europe et outre-Atlantique, nous reviendrons ici sur l'idée reçue selon laquelle le noyau central de la société reste protégé. Nous ne pouvons plus ignorer aujourd'hui une forme de démocratisation des difficultés : alors qu'il était possible d'affirmer, jusqu'aux années 1990, que les classes moyennes étaient exemptes des soucis de la crise, une telle sérénité n'est plus de mise. Ce chapitre propose un diagnostic de remontée par capillarité des difficultés sociales des classes populaires (employés et ouvriers, qui constituent respectivement les fractions tertiaires et industrielles du salariat d'exécution) vers le noyau central de la société française. Les problèmes ne sont plus simplement ceux des périphéries sociales en désarroi, mais touchent au cœur même de l'édifice social et interrogent le devenir de notre « civilisation de classe moyenne », pour reprendre l'expression d'Alexandre Koyré[1]. C'est bien ici notre travail, en sociologie, que de laisser les ponts supérieurs et de descendre dans la cale pour examiner la solidité de la coque, repérer les voies d'eau, jauger du niveau de l'inondation et reporter les conclusions que nous résumerons ainsi : il est grand temps de rejoindre le chantier pour réparer d'urgence les avaries structurelles, si l'on ne veut devoir abandonner le navire à son sort.

Les classes moyennes sont-elles hypocondriaques ?

La comparaison internationale souligne la spécificité de la France où, en apparence, les classes moyennes se porteraient mieux qu'ailleurs. De nombreux pays d'Asie, d'Amérique et

1. Dans « Troisième entretien public, présidé par Jean Starobinski » (7 septembre 1954), *in* Lucien Febvre *et al.*, *Le Nouveau Monde et l'Europe*, Neuchâtel, Éditions de la Baconnière, 1955, p. 240, <www.rencontres-int-geneve.ch/volumes_pdf/rig09.pdf>.

même d'Europe sont marqués depuis plus de trente ans par une hausse des inégalités de revenu, par une polarisation économique associée le plus souvent – dès que la croissance est faible – à une régression des conditions de vie des segments inférieurs des classes moyennes[1]. L'exemple étasunien est remarquable à cet égard : alors que l'Amérique des années 1950 était devenue le modèle d'une société de classe moyenne susceptible de montrer la voie aux autres pays développés en matière de résorption des conflits sociaux, la dynamique contemporaine est d'une nature bien différente[2]. Depuis deux décennies, chaque élection présidentielle américaine est l'occasion d'un débat renouvelé, souvent âpre, mais aussi nourri de données nouvelles, sur le devenir problématique de groupes sociaux sous tension, polarisés et toujours plus

1. Anthony B. Atkinson et Thomas Piketty (dir.), *Top Incomes over the Twentieth Century : A Contrast between Continental European and English-speaking countries*, Oxford et New York, Oxford University Press, 2007 ; Steven Pressman, « Public policies and the middle class throughout the world in the mid-2000s », *LIS Working Papers Series*, n° 517, 2009 ; Janet C. Gornick et Markus Jäntti (dir.), *Income Inequality : Economic Disparities and The Middle Class in Affluent Countries*, Stanford, Stanford University Press, 2013. Ces approches ont été complétées plus récemment par : Michael Förster et Istvá György Tóth, 2015 « Cross-country evidence of the multiple causes of inequality changes in the OECD Area », *in* Anthony B. Atkinson et François Bourguignon (dir.), *Handbook of Income Distribution*, Amsterdam, Elsevier, vol. 2, chap. 19, p. 1729-1843 ; Wiemer Salverda, Brian Nolan, Daniele Checchi, Ive Marx, Abigail McKnight, Istvá György Tóth et Hermann van de Werfhorst, *Changing Inequalities and Societal Impacts in Rich Countries : Analytical and Comparative Perspectives*, Oxford, Oxford University Press, 2014 ; Daniel Vaughan-Whitehead (dir.), *The European Social Model in Crisis*, Londres, Edward Elgar Publishing, 2015.

2. Charles Wright Mills, *Les Cols blancs. Les classes moyennes aux États-Unis*, trad. André Chassigneux, Paris, Maspero, 1966 [1951] ; Robert Nisbet, « The decline and fall of social class », *Pacific Sociological Review*, vol. 2, n° 1, 1959, p. 119-129 ; Theda Skocpol, *The Missing Middle : Working Families and the Future of American Social Policy*, New York, Norton, 2000 ; Kevin T. Leicht et Scott T. Fitzgerald, *Middle Class Meltdown in America : Causes, Consequences, and Remedies*, New York, Routledge, 2014 ; Branko Milanovic, *Global Inequality : A New Approach for the Age of Globalization*, Cambridge, Belknap Press, 2016.

disparates, entre d'une part des fractions supérieures, sans cesse plus compétitives dans l'économie globalisée, et d'autre part des catégories en voie de paupérisation, en perte de statut et de reconnaissance sociale, objectivement déclassées et symboliquement menacées de chute dans l'*underclass* marginalisée.

En regard de la situation américaine contemporaine – et malgré la reprise économique que connaissent les États-Unis depuis 2012 –, les classes moyennes françaises pourraient faire figure, sinon de privilégiées, à tout le moins de catégories protégées des pires aspects du changement socio-économique postindustriel : faible croissance des inégalités de revenu, hausse des taux de propriété du logement, élévation séculaire du niveau scolaire sont autant de tendances qui laissent croire que le tableau n'est pas vraiment sombre, même si en France de nouvelles tendances se font jour dès que l'on s'intéresse au patrimoine net. Dès lors, nous aurions le paradoxe de classes moyennes françaises réellement favorisées mais mélancoliques face à leurs homologues américaines pourtant souffrantes mais optimistes. Historiens et sociologues montrent ainsi que les classes moyennes françaises, de Balzac à nos jours, ont toujours exprimé, jusque dans leur ascension sociale, une angoisse du déclassement, qui serait constitutive de leur identité sinon de leur psychologie collective[1]. Si elles n'ont jamais cessé de se plaindre, est-ce la preuve qu'aujourd'hui elles vont bien ? Cette « peur des classes moyennes », historiquement récurrente, serait-elle injustifiée aujourd'hui ?

L'ouvrage de Dominique Goux et d'Éric Maurin soutient qu'en France, loin d'être un maillon problématique de la stratification sociale, les classes moyennes se porteraient objectivement bien.

1. Luc Boltanski (*Les Cadres. La formation d'un groupe social*, Paris, Minuit, 1982) souligne la façon dont la constitution de la catégorie des « cadres » s'est organisée autour d'une prise de conscience d'intérêts présentés comme menacés. De la même façon, Serge Bosc (*Sociologie des classes moyennes*, Paris, La Découverte, 2008) ou Thierry Pech (« Deux cents ans de classes moyennes en France (1789-2010) », *L'Économie politique*, n° 49, 2011, p. 69-97) montrent la récurrence de la thématique du déclassement. Julien Damon, *Les Classes moyennes*, Paris, PUF, « Que sais-je ? », 2013.

Sans référence explicite à de nombreux constats élaborés par d'autres, les auteurs affirment que les classes moyennes seraient en expansion numérique soutenue, bénéficieraient autant ou plus que d'autres de la croissance économique, connaîtraient un courant intense de mobilité sociale ascendante, verraient leur patrimoine s'accroître à proportion, et échapperaient donc largement aux affres et aux vicissitudes des classes populaires. Les classes moyennes, dans ce discours, auraient maintenu leurs positions, incarnant une France en ascension sociale. « Elles n'ont jamais été aussi fortes [1] », disent Goux et Maurin. Elles seraient exemptes des maux dont elles se croient victimes. La « déstabilisation des classes moyennes » tout comme la « peur du déclassement [2] » relèveraient selon ce point de vue de l'hypocondrie.

Ces assertions négligent des aspects essentiels du changement social analysés par différents collègues [3] ainsi que les arguments ci-dessous, qui viennent en compléter d'autres issus des *Classes moyennes à la dérive*. Inscrits sur la longue durée, les problèmes que rencontrent les classes moyennes correspondent moins aux difficultés conjoncturelles traversées depuis 2008, dont nous ne mesurons pas encore toutes les conséquences, qu'à des tendances structurelles lourdes souvent sur plus de trente ans. Loin d'être indemnes, les classes moyennes apparaissent comme menacées à leur tour par des maux qui voilà quinze ans encore restaient confinés aux catégories populaires. L'image du sucre au fond de la tasse de café fournit une bonne métaphore du phénomène : la partie supérieure de la société semble toujours intacte, mais l'érosion continue de la partie immergée la promet à la déliquescence.

1. Dominique Goux et Éric Maurin, *Les Nouvelles Classes moyennes*, Paris, Seuil-La République des idées, 2012, p. 11.

2. Éric Maurin, *La Peur du déclassement. Une sociologie des récessions*, Paris, Seuil-La République des idées, 2009.

3. Par exemple, Marie Duru-Bellat, *L'Inflation scolaire. Les désillusions de la méritocratie*, Paris, Seuil, 2006 ; Camille Peugny, *Le Déclassement*, Paris, Grasset, 2009.

Au bout de cette réévaluation, la « peur des classes moyennes » est moins un fantasme que la conscience de réalités plus difficiles, de la fin d'un âge d'or, d'attentes déçues et de promesses non tenues. Il s'agit plus de faits sociaux et de réalités tangibles que d'une peur sans fondement objectif : salaire, revenu disponible, chômage, dévalorisation sociale des titres scolaires (que d'autres appellent inflation des diplômes ou déclassement scolaire) sont autant de phénomènes problématiques devant lesquels les catégories intermédiaires de la société ne sont plus aussi bien protégées.

Problématiques définitions des classes moyennes

Dans le débat français sur les classes moyennes, la question des définitions est un enjeu central, bien plus qu'aux États-Unis par exemple où, la pensée cartésienne étant moins présente, il est possible de progresser plus rapidement dans la maîtrise d'objets complexes dont les frontières ne sont pas nécessairement connues. L'approche repose ici sur un cadastre des classes moyennes (voir l'encadré ci-dessous) qui permet d'appréhender la diversité et la pluralité des groupes sociaux se reconnaissant dans cette appellation de « classes moyennes », plutôt que de suivre une approche réductionniste qui identifierait les classes moyennes aux seules professions intermédiaires (PI) – techniciens, infirmières, instituteurs, catégories B de la fonction publique, contremaîtres, etc. – et en exclurait les autres. Ici, « les » classes moyennes sont plurielles, avec plusieurs modalités : un haut et un bas, entre les cadres et professions intellectuelles supérieures (CPIS) qui présentent une modalité évidente des « classes moyennes supérieures » d'un côté et, de l'autre, les « classes moyennes inférieures » que sont les ouvriers intégrés et qualifiés tels que les cheminots et les conducteurs de la RATP, les plombiers salariés, les travailleurs d'EDF et de GDF, la fraction supérieure et qualifiée des employés tels que les agents de la Poste, les employés des services comptables, etc.

Naguère, ces classes moyennes inférieures connaissaient une dynamique collective de promotion sociale, au moins jusque dans les années 1980, et font face maintenant à des difficultés croissantes. Entre ces deux fractions, le segment des « classes moyennes intermédiaires » n'est pas épargné par les problèmes sociaux. Ce phénomène est lié tout à la fois à l'écartèlement économique de l'ensemble complexe des classes moyennes entre un haut et un bas, mais aussi à la polarisation entre ceux qui sont bien obligés de se contenter de leur salaire pour vivre et ceux qui bénéficient du support d'un patrimoine – familial, souvent – qui leur permet de sortir la tête de l'eau. Ainsi, le processus de repatrimonialisation analysé dans le précédent chapitre polarise et écartèle les différentes fractions des classes moyennes, d'une façon souvent invisible puisque le patrimoine est peut-être la variable économique la plus difficile à situer précisément.

Définir ou cartographier les classes moyennes ?

Pour mieux comprendre ce débat, un travail considérable doit être réalisé pour saisir un peu mieux les notions mobilisées, le cadre de la dynamique sociale à l'œuvre et la diversité internationale des trajectoires du changement où la France occupe une position assez singulière. Cette singularité française se repère aussi dans la façon dont les sciences sociales ont abordé jusqu'à présent la question des classes moyennes : alors que la littérature sociologique chinoise et plus généralement de l'Asie émergente abonde de travaux sur les classes moyennes, tout comme celles du Brésil, mais aussi des États-Unis et du Royaume-Uni, les sciences sociales françaises restent assez prudentes – sinon peureuses – dans leur approche.
Ce qui frappe dans ce débat, c'est la large déconnection des travaux français de la littérature internationale, et plus encore de celle des pays émergents. En particulier, dans ce cadre international comparatif, assimiler les « classes moyennes » au « groupe social proche de la moyenne » est véritablement problématique : que l'on parle de *middle class* (anglais), de *clase media* (espagnol), de *Mittelstand* (allemand) ou de *zhong jieji* (chinois), l'association avec la moyenne arithmétique est généralement absente puisqu'il s'agit au contraire d'une « classe du milieu »,

intermédiaire entre les élites supérieures et les classes populaires. Le point commun à ces définitions contemporaines est de fonder ce groupe sur une position ambiguë entre les élites dominantes et le menu peuple. Il s'agit avant tout d'un groupe social salarié ou assimilé, incluant éventuellement les travailleurs indépendants stables ou professions libérales, disposant d'un revenu permettant un niveau de consommation décent, selon les normes sociales en vigueur, et la constitution d'un petit patrimoine.

En français, au contraire, l'identification fréquente de la « classe moyenne » au « français moyen » proche de la moyenne est une erreur étymologique fréquente. De même, en France, il est habituel de suivre le pis-aller consistant à identifier les « classes moyennes » (pluriel) à la catégorie socioprofessionnelle (singulier) des professions intermédiaires, ceux que l'on appelait naguère « cadres moyens » dans l'ancienne classification de l'Insee. Repenser une définition plurielle des classes moyennes – au confluent de la profession, du revenu, de la consommation, de l'épargne – est le préalable sans lequel il est impossible de comprendre les changements actuels.

Il est essentiel de saisir les classes moyennes dans la tension permanente entre le haut – les cadres et professions intellectuelles supérieures (CPIS), pour dire vite – et le bas – les fractions les plus qualifiées, stabilisées et protégées statutairement du monde des employés et des ouvriers, tels que les agents non cadres de la SNCF, ceux de la Poste ou des transports publics. Cette première dichotomie verticale est non moins indispensable que la seconde : celle qui, à niveau social égal, distingue les fractions les plus statutaires, protégées du marché, souvent adossées au service public, où la ressource du diplôme est généralement plus importante, et le monde du secteur privé, et plus encore de l'entreprise et du statut d'indépendant, où le marché est central, avec son exposition spécifique au risque. Un facteur apparaît ici en filigrane, et même si la corrélation est loin d'être parfaite avec ce second axe : la ressource de nouveau déterminante que représente l'accumulation patrimoniale.

Ce second axe a longtemps représenté l'opposition traditionnelle, héritée de Schmoller, entre les « anciennes classes moyennes » (celle de la boutique) et celle des « nouvelles classes moyennes », celle des salariés à statut typiques de l'expansion des années 1960. Il est certain que les étiquettes « anciennes » et « nouvelles » sont maintenant vides de sens, voire absurdes, les classes moyennes à fort statut institutionnalisé étant peut-être plus notre passé que notre avenir.

L'évidence d'un problème salarial

Dès lors que nous acceptons l'idée que les professions intermédiaires (PI) de la nomenclature des catégories socioprofessionnelles de l'Insee sont l'archétype de la classe moyenne intermédiaire, il est possible de suivre sur des décennies les transformations de ce groupe social[1]. Cette source permet de saisir que ce groupe social a subi près de quatre décennies de stagnation salariale en termes réels, c'est-à-dire en tenant compte de l'inflation. L'idée que les classes moyennes ne se paupérisent pas directement – c'est un argument récurrent chez Goux et Maurin[2] – n'est même pas vraiment fausse, mais dissimule néanmoins une perte de pouvoir d'achat du salaire à temps plein de près de 8 % entre 1975 et 1995 pour les intéressés et une stagnation depuis. Dans la mesure où ce groupe social a prolongé sa formation de près de deux années d'études supplémentaires, en moyenne, de 1975 à 2010, il est facile de comprendre le malaise durable de la population concernée.

Depuis la fin de l'âge d'or de la société salariale des « Trente Glorieuses », marqué naguère par une croissance des salaires réels de l'ordre de 3 à 4 % par an, en dehors de la mobilité professionnelle, la seule amélioration possible du niveau de vie

1. Les Déclarations annuelles de données sociales (DADS) fournissent en effet des données comparables sur un grand nombre d'années. Voir le site de l'Insee <www.insee.fr/fr/themes/detail.asp?ref_id=ir-sls2010> (19 mai 2016).

2. D. Goux et É. Maurin, *Les Nouvelles Classes moyennes*, *op. cit.*

TABLEAU 2.1

Niveau de vie (en kilo-euros 2014 par unité de consommation) et définition de la hiérarchie des groupes sociaux et catégories modales correspondantes parmi les 25 à 54 ans

Groupe économique	Taille %	Limites K€ par UC	Professions spécifiques (intitulés les plus typiques des professions de la personne de référence)	Taux de chômage parmi les 25 à 54 ans, hommes	Taux de chômage parmi les 25 à 54 ans, femmes
Groupe d'exclusion	13	0 à 11	Agricultrice, femme de ménage, ouvrier maçon, <absence de profession>, aide-ménagère, bûcheron, ouvrier agricole, couturière, commerçante, manœuvre, ouvrière agricole, serveuse, agent d'entretien, serveur, vendeuse, manutentionnaire, commis de cuisine, ouvrière usine, femme de service, maraîcher, assistante maternelle, ouvrier métallurgiste	25,5	19,3
Groupe populaire	34	12 à 20	Maçon, vendeuse, agent de sécurité, cariste, chauffeur routier, chauffeur, secrétaire, chauffeur livreur, femme de ménage, menuisier, ouvrier agricole, magasinier, soudeur, cuisinier, agent de service, manutentionnaire, mécanicien, agent de fabrication, agent d'entretien, employée de bureau, charpentier	8,8	8,6
Classe moyenne inférieure	25	21 à 26	Agent de maîtrise, commercial, fonctionnaire de police, technicien de maintenance, militaire de carrière, comptable, professeur des écoles, électricien, contrôleur des impôts, électrotechnicien, dessinateur, chauffeur poids lourds, employé de bureau, facteur, aide-soignant, technicien, gendarme, électronicien, ouvrier de fabrication, chauffeur routier, postier, conducteur receveur, tourneur	4,0	3,9

Classe moyenne intermédiaire	17	27 à 34	Technico-commercial, éducateur spécialisé, infirmier, professeur, instituteur, institutrice, employé de banque, informaticien, directeur technique, ingénieur, responsable de production, chargé d'affaires, chef de chantier, agent technique, directeur commercial, directeur d'école, enseignant, maître de conférence, directeur, conseiller financier, technicien	2,6	4,1
Classe moyenne supérieure	9	35 à 59	P-DG, médecin généraliste, médecin, vétérinaire, cadre supérieur, directeur général, attaché commercial, directeur régional, professeur, ingénieur, cadre commercial, contrôleur de gestion, responsable comptable, directeur financier, directeur commercial, cadre bancaire, chef de projet, responsable commercial, gérant de société, ingénieur d'études	2,5	2,9
Groupe élitaire	2	60 à +++	Consultant informatique, médecin spécialiste, directeur de banque, chef d'entreprise, chirurgien-dentiste, chef de service, ingénieur, pharmacien, directeur adjoint, exploitant viticole, expert-comptable, chirurgien, architecte, P-DG, directeur général, directeur de société	2,0	5,8

Source : microdonnées Eu-silc 2014, Eurostat et Enquêtes Emploi 2014, Insee.

de la population concernée est fondée sur la double activité dans les couples. Là où elle s'établissait déjà à un niveau élevé en 1970 – au sein des familles d'enseignants, par exemple –, la double activité du couple n'est plus une ressource possible, et seule la mobilité ascendante est une solution pour sortir de la stagnation, pour s'extirper d'un sort potentiellement déprimant, surtout lorsqu'on traduit ce pouvoir d'achat immobile en termes de prix au mètre carré dans les grands centres urbains. Le vague redressement observé en fin de période correspond à des taux de croissance particulièrement modestes, de l'ordre de 0,7 %, un niveau situé à peine significativement au-delà de l'incertitude sur l'inflation. Les groupes sociaux concernés stagnent donc.

GRAPHIQUE 2.1

Salaire net annuel moyen des professions intermédiaires de 1950 à 2010 (euros 2010) (hommes et femmes ensemble)

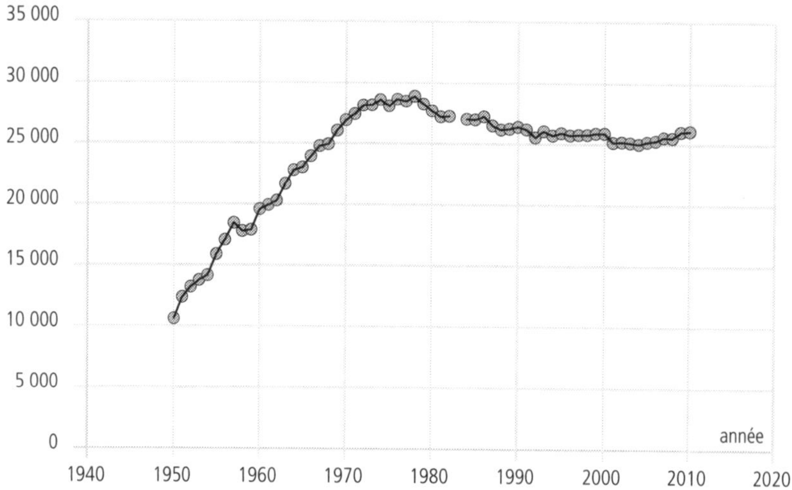

Source : données DADS diffusées par l'Insee. Les salaires sont ceux de la population employée à temps plein sur l'année. La rupture de série en 1983 liée au passage des CSP aux PCS ne donne pas lieu à de fortes fluctuations. Déflateur du pouvoir d'achat de l'euro et du franc.

GRAPHIQUE 2.2
Rapport entre le salaire net des professions intermédiaires et celui des ouvriers

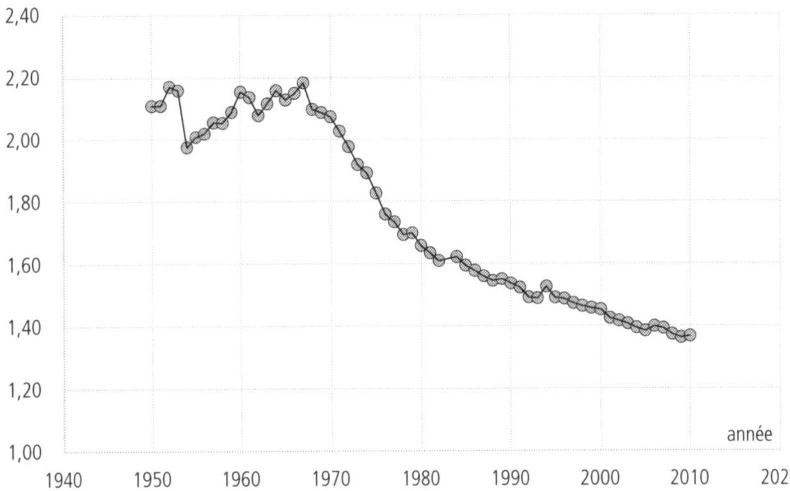

Source : données DADS diffusées par l'Insee.
Note : L'analyse détaillée montre que depuis 50 ans les ouvriers et les employés ont connu une dynamique salariale parallèle.

Pour ceux qui ont le souvenir de la croissance du pouvoir d'achat des temps anciens, jusque dans les années 1970, que ce soit au travers de leur propre vécu ou de celui de leurs parents, la longue atonie économique de près de quarante ans que nous avons traversée depuis ne correspond pas au portrait de la « France qui monte ». Notons que ces données et les analyses qu'elles proposent permettent avant tout de saisir un problème général du salariat, un problème de stagnation dissimulant une précarisation sur laquelle nous reviendrons, problème auquel les classes moyennes intermédiaires sont particulièrement exposées.

En termes relatifs, la régression par rapport au reste du salariat est claire. Si nous suivons le rapport entre le pouvoir d'achat des professions intermédiaires et celui des ouvriers[1], la réduction considérable de l'avance des classes moyennes évoque le toboggan de *Spellbound* ou les toits de *Vertigo*. Il est difficile de soutenir que les classes moyennes « ne sont pas en situation de déclin par rapport aux autres groupes sociaux[2] ».

Les professions intermédiaires de 1970 étaient situées à plus de 120 % (soit un rapport de 2,2) au-dessus des catégories populaires et, en 2010, à seulement 37 % au-dessus. Le propos ici n'est pas de relativiser les difficultés croissantes des classes populaires, mais de montrer que les classes moyennes intermédiaires s'en rapprochent en termes de niveau de vie, au point que si les deux groupes sociaux étaient nettement distincts naguère, ils sont bien plus semblables aujourd'hui. Dans les entreprises, le salaire des professions intermédiaires était nettement au-dessus de celui des ouvriers, alors qu'aujourd'hui la hiérarchie s'est considérablement amoindrie, et continue de s'éroder. Il s'agit ici d'un exemple peu commun d'égalisation des revenus salariaux, rarement souligné comme tel.

Pouvoir d'achat : la fin des hausses systématiques

Dans le débat, une idée reçue est que, même si la situation relative des classes moyennes se dégrade, au moins leur situation absolue s'améliore-t-elle grâce à la croissance de long terme du pouvoir d'achat. La réalité est différente : les gains de pouvoir d'achat après transferts et redistributions des catégories salariées, populaires ou moyennes, ont été à peu près nuls sur près de vingt ans. Le fait est clair lorsque l'on convertit en euros de 2010 les revenus disponibles nets (après impôts et redistributions) par unité de consommation (rapportés donc à la taille des ménages) depuis 1984 au travers des données de l'enquête Budget des ménages de l'Insee.

1. Si nous les comparons aux employés, les résultats sont identiques.
2. D. Goux et É. Maurin, *Les Nouvelles Classes moyennes*, *op. cit.*, p. 12.

GRAPHIQUE 2.3

Progression du revenu réel disponible net dans le ménage par unité de consommation par catégorie socioprofessionnelle d'emploi (niveau 100 = revenu moyen 2010)

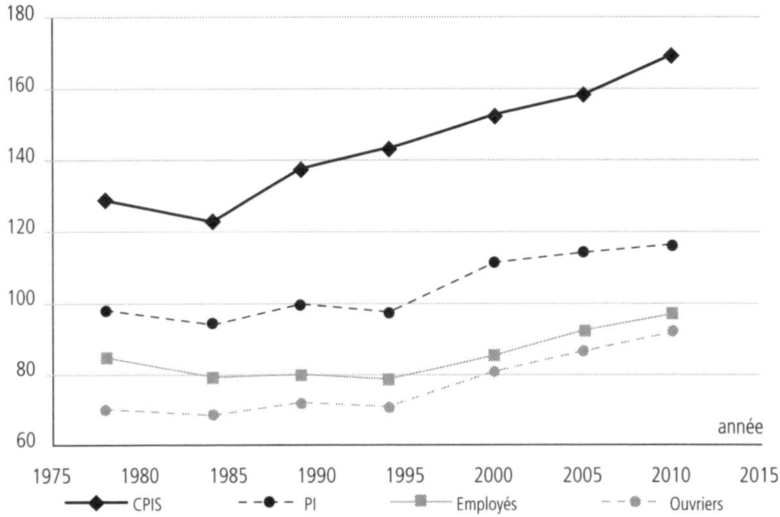

Source des microdonnées : Budget des ménages 1978-2010, Insee, données harmonisées LIS. CPIS : Cadres et professions intellectuelles supérieures. PI : Professions intermédiaires.

De 1995 à 2010, la progression du pouvoir d'achat est restée proche du néant dans chaque catégorie sociale de salariés. Du haut en bas de l'échelle sociale, la progression annuelle est située en deçà du dixième de point, moins que l'incertitude sur l'inflation. Cette croissance est donc à peu près nulle lorsqu'elle est comparée aux progressions de pouvoir d'achat des Trente Glorieuses, alors de l'ordre de 2 à 3 % par an pendant les années médiocres de la période. C'est aussi nettement moins que l'indice des prix du mètre carré dans les grandes agglomérations depuis les années 1980.

Cette stagnation forme un contexte dont les conséquences sur les différents secteurs de la consommation ont été contrastées : si du point de vue des prix des produits électroniques et de l'ensemble des biens presque indéfiniment reproductibles par l'industrie – outillage, vêtements, etc. – qui ont connu une baisse considérable, toutes les catégories sociales se sont enrichies ; en revanche, elles se sont toutes appauvries en termes de nombre d'années de travail requises pour rembourser un logement à proximité d'un marché du travail un peu dynamique.

GRAPHIQUE 2.4

Rapport de revenu des professions intermédiaires à la moyenne des ménages – revenu disponible net dans le ménage par unité de consommation

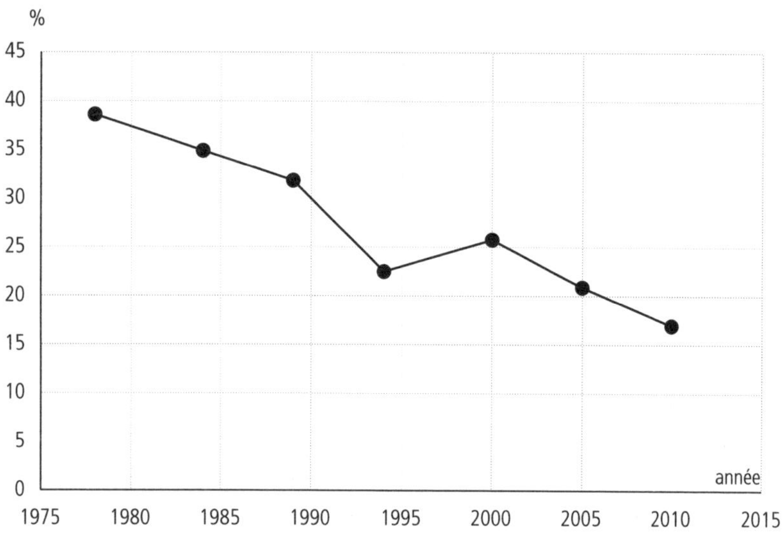

Source des microdonnées : Budget des ménages 1978-2010, Insee, données harmonisées LIS.

D'une part, l'écart de revenu entre cadres et professions intermédiaires s'est accru. D'autre part, le rapport entre ces dernières et la moyenne a baissé sur la période : alors que les professions intermédiaires disposaient en 1978 d'un niveau de vie 39 % au-dessus de la moyenne française, l'écart n'est plus que de 17 % en 2010. Comment ce noyau central des classes moyennes a-t-il pu faire face à cette situation ? Les réponses sont diverses : en consommant le patrimoine des générations précédentes, en s'endettant plus lourdement, sur un plus grand nombre d'années, en se logeant à l'étroit, en résidant plus loin du lieu de travail, en habitant des quartiers moins prestigieux. Tout cela est au prix d'une prise de risque croissante, sauf lorsque les parents sont titulaires d'un patrimoine assez large et sont assez généreux pour en transmettre une partie de leur vivant, d'où une fracture croissante au sein même de chaque catégorie sociale entre ceux qui bénéficient de cette aide et les autres. En termes immobiliers, le pouvoir d'achat du salaire a considérablement régressé en dix ans (1995-2012), à la faveur des catégories déjà propriétaires, à la défaveur des nouvelles générations d'adultes pour qui la part prise par le logement s'accroît au prix de régressions notamment sur les postes de la consommation culturelle ou de loisirs[1], ce qui ne correspond pas à l'image générale de la tendance d'enrichissement des populations concernées.

Chômage : une insécurité croissante

Dans le débat sur les classes moyennes, le pouvoir d'achat et la consommation ne sont pas les seuls critères du statut social. La sécurité vis-à-vis du lendemain est aussi déterminante. Le rapport de risque de chômage entre professions intermédiaires et catégories populaires (de l'ordre de un à deux) donne superficiellement le sentiment que les classes moyennes sont à l'abri, mais, là encore, la mise en perspective que permet l'harmonisation des données du recensement sur plusieurs décennies[2] bat en brèche l'idée reçue selon laquelle les classes moyennes seraient protégées de la montée du chômage par une digue infrangible.

1. Fanny Bugeja-Bloch, *Logement, la spirale des inégalités. Une nouvelle dimension de la fracture sociale et générationnelle*, Paris, PUF, 2013.
2. Cette approche est envisageable grâce au Minnesota Population Center et son projet Integrated Public Use Microdata Series (IPUMS) <www.ipums.org>.

GRAPHIQUE 2.5
Taux de chômage par catégorie socioprofessionnelle 1962-2011

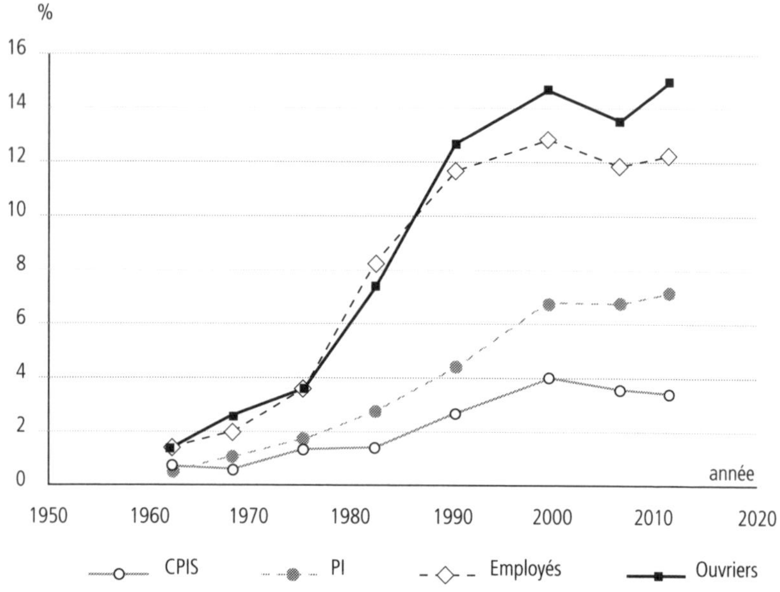

Source : Minnesota Population Center, Integrated Public Use Microdata Series, International : Version 6.1 [Machine-readable database], Minneapolis, University of Minnesota, 2016.

L'intérêt de la source IPUMS est de proposer des échantillons de très large dimension, harmonisés par des spécialistes et permettant des modélisations particulièrement fines. L'Insee met à disposition des données relativement semblables, mais nous avons ici un recodage fiable et unifié des catégories socioprofessionnelles de 1962 à 2011 (date du dernier recensement par sondage publié) absent des sources locales françaises diffusées. Dans ces données, le chômage correspond au déclaratif par les individus concernés, et non à la définition du Bureau international du travail (BIT), qui est plus étroite. Ces données permettent notamment de connaître la catégorie sociale passée des chômeurs et d'en déduire le taux de chômage par catégorie sociale depuis 1962. Dès lors, le chômage, dont les classes moyennes intermédiaires étaient naguère exemptes, devient pour elles un risque significatif, comparable au taux de chômage ouvrier de 1982, qui était alors à un niveau jugé insupportable. Le message principal ici souligne la capacité des sociétés à se faire à tout, jusqu'à un certain point.

Que nous mesurions l'écart en termes de différence ou en termes de ratio, nous voyons la lente mais certaine progression du risque de chômage dans les classes moyennes, de moins en moins protégées. La dérive des classes moyennes intermédiaires est bien plus qu'un sentiment : en 2006, à l'étiage d'avant la nouvelle récession, un taux de chômage déclaré (supérieur au taux du BIT) de l'ordre de 7 % les frappait et justifiait dans les faits une peur du déclassement plus rationnelle que subjective. Même parmi les cadres et professions intellectuelles supérieures (CPIS), le chômage (un taux de près de 4 %, soit deux fois le taux des ouvriers de 1970) s'est installé à des niveaux tels que le risque est signifiant.

Une expansion numérique très relative

Pour les tenants de la thèse de l'ascension des classes moyennes, l'expansion de la proportion des professions intermédiaires en part de l'emploi total est un élément clé. Cet argument est proche de celui de l'*upgrading* : dans une course continue, les emplois supérieurs se multiplient (et se « démocratisent », selon certains) alors que les emplois des catégories populaires deviendraient moins nombreux. La lecture en surface des transformations à l'œuvre offre cette impression : fin des paysans (trois départs pour une arrivée), régression des indépendants (artisans, commerçants et chefs d'entreprises de plus de dix salariés, ces derniers connaissant une dynamique plus porteuse), retrait des ouvriers, vive croissance des trois catégories du secteur tertiaire – employés, professions intermédiaires, cadres. Il y aurait donc de plus en plus de places au sein des classes moyennes. Or il convient de nuancer cette impression : la question demeure celle du rythme de croissance rapporté à celui des candidats potentiels à l'entrée dans les classes moyennes, à savoir les diplômés qui s'attendent à trouver leur place dans ce groupe social. Comparée à la croissance vive du nombre des diplômés dans les cohortes de jeunes adultes, la démographie des professions intermédiaires comme celle des CPIS est trop lente pour absorber le flux des candidats qui doivent alors se contenter de positions moins avantageuses.

GRAPHIQUE 2.6

Part des différentes catégories socioprofessionnelles dans la population active 1962-2011

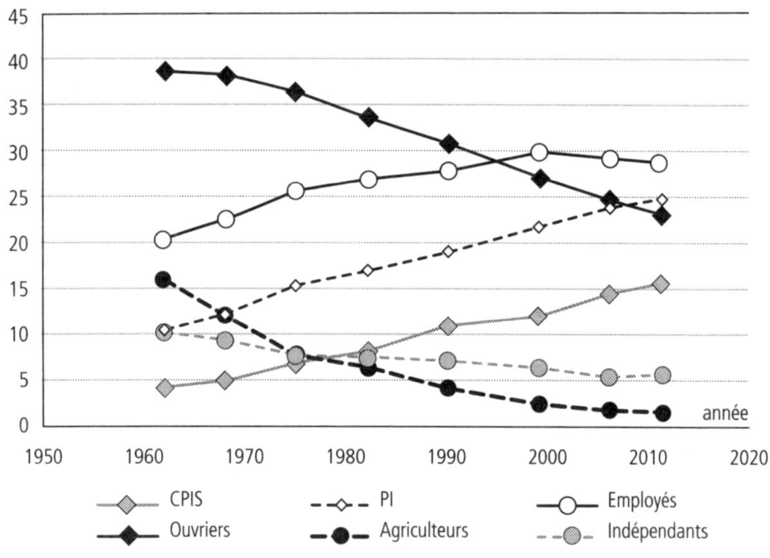

Source : Minnesota Population Center, Integrated Public Use Microdata Series, International : Version 6.1 [Machine-readable database], Minneapolis, University of Minnesota, 2016.

Une première façon de mesurer ce décrochage est descriptive. Au long des Trente Glorieuses, le baccalauréat a fait figure de ticket d'entrée dans les classes moyennes : au rythme de sa diffusion, les places correspondantes (instituteurs, cadres B de la fonction publique, techniciens, infirmières, travailleurs sociaux, etc.) se sont multipliées, au moins jusque dans les années 1970. L'analyse de la période post-Trente Glorieuses révèle l'interruption de cette dynamique : les nouvelles générations arrivées à l'âge adulte depuis les années 1980 voient s'éroder peu à peu la valeur du baccalauréat en termes de chance d'accès aux professions intermédiaires. Pour les nouvelles générations d'adultes, le cours du titre s'est effondré.

GRAPHIQUE 2.7
Part des diplômés de différents niveaux en emploi cadre ou profession intermédiaire 1962-2011 (population âgée de 25 à 34 ans)

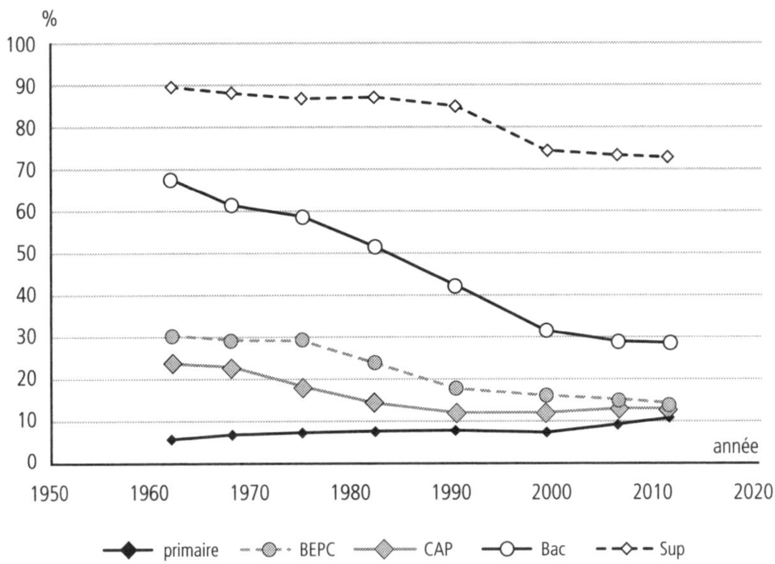

Source : Minnesota Population Center, Integrated Public Use Microdata Series, International : Version 6.1 [Machine-readable database], Minneapolis, University of Minnesota, 2016.

L'intensité de cette dynamique de dévalorisation sociale d'un diplôme n'a pas d'équivalent dans les pays voisins, exception faite des pays méditerranéens. Que l'on distingue ou non les baccalauréats généraux, techniques et professionnels, le résultat est le même. Le baccalauréat, naguère ticket d'entrée dans les classes moyennes intermédiaires, est devenu aujourd'hui, pour les nouvelles générations, le diplôme médian de la population, correspondant donc au mieux à des positions sociales de classe populaire intégrée. Les diplômes correspondant à deux années après le baccalauréat ont connu une érosion semblable, quoique moins intense. Les diplômes supérieurs longs, quant à eux, ont commencé plus récemment à connaître cette décote, mais l'ampleur comparée de l'inflation du baccalauréat est telle que, en termes relatifs, la valeur des diplômes longs s'accroît. Le diplôme universitaire devient une condition de plus en plus nécessaire, et de moins en moins suffisante de la réussite sociale, disait Antoine Prost.

Cette dynamique est étroitement liée à la cohorte de naissance : les générations nées au début du baby-boom, plus nombreuses, ont eu la chance de bénéficier de la première explosion scolaire sans en connaître les contrecoups en termes d'inflation, intégralement reportée sur les suivants, qui l'ont alors subie avec plus de violence encore. Ainsi, pour les cohortes nées à la fin des années 1940, comme pour celles qui les ont précédées, le baccalauréat correspond à 60 % de chances d'accéder au moins aux professions intermédiaires, alors que ce n'est plus que 30 % des cas dans les cohortes de jeunes adultes d'aujourd'hui : les autres sont employés, ouvriers, chômeurs ou exclus. Les générations qui ont connu la seconde explosion scolaire, nées au début des années 1970, continuent de subir cette dynamique de dévalorisation progressive du baccalauréat, à un rythme soutenu. Cela ne correspond en rien au diagnostic selon lequel le diplôme seul est suffisant pour assurer la réussite sociale : il en faut simplement de plus en plus, et l'érosion de la valeur des titres les plus élevés est à son tour sensible.

Comment pouvait-il en être autrement ? Cette seconde explosion scolaire, pensée par Jean-Pierre Chevènement en 1985, développée par Lionel Jospin lorsqu'il était ministre de l'Éducation nationale (1988-1992), et qui a consisté notamment à multiplier par deux le taux d'accès au baccalauréat en moins de cinq ans [1], se

1. De 1994 à 2011, le taux de bacheliers a stagné. Les dernières années montrent une nouvelle croissance de 15 points, essentiellement portée par les

fondait sur des prévisions de croissance et de besoins de main-d'œuvre « dont on retient essentiellement l'hypothèse volontariste, relativement optimiste au regard de la conjoncture [1] ». Ce surcroît brutal de jeunes diplômés n'a pu être absorbé dans de bonnes conditions, d'où la déstabilisation durable de la relation formation/emploi. Plutôt que de construire un chemin de croissance de long terme de l'offre de diplômes en relation avec des emplois véritables, le volontarisme de l'action a remplacé la régularité de la croissance.

Déclassements scolaires : à la source des frustrations et des angoisses des classes moyennes ?

Par rapport à ce que nous connaissons aujourd'hui, qu'aurait donné un maintien depuis 1982 (année de recensement) de la valeur des diplômes en termes de structure des positions sociales obtenues ? Quel est l'écart entre cette hypothèse de stabilité des diplômes et la réalité vécue ? Pour le comprendre, nous devons comparer :

1. le nombre empirique, effectif, de positions dans la catégorie des cadres et professions intellectuelles supérieures (CPIS) et
2. les prédictions théoriques de croissance des CPIS sous hypothèse de maintien de la valeur des titres scolaires depuis 1982, avec contrôle du genre et de l'âge ;
3. nous procédons de même pour l'ensemble formé par les CPIS et les professions intermédiaires (CPIS-PI), qui regroupe donc les niveaux supérieurs et intermédiaires des classes moyennes.

---

baccalauréats professionnels. Cette troisième explosion scolaire est fort modeste par comparaison avec les 35 points de croissance de la fin des années 1980. Voir « L'éducation nationale en chiffres », édition 2015. <www.education.gouv.fr/cid57111/l-education-nationale-en-chiffres.html>.

1. Florence Maillochon, « La tentation des prospectives. Histoire d'un projet de réforme du système éducatif français : conduire 80 % d'une génération au niveau du baccalauréat », *Histoire & Mesure*, vol. 9, n° 1-2, 1994, p. 13-50.

Le résultat est clair : pour maintenir la valeur des diplômes en termes de position sociale de 1982 à 2011, il aurait fallu passer de 10 % à 22 % de CPIS, alors qu'en 2011 nous ne comptions que 16 % de cadres. Le solde de 6 points, correspondant aux membres potentiels de la catégorie des CPIS qui ont été rétrogradés dans d'autres positions, s'est pour l'essentiel déversé sur les professions intermédiaires, qui se sont garnies d'autant d'individus qui, potentiellement classes moyennes supérieures du point de vue du diplôme, sont empiriquement dans la catégorie d'en dessous du point de vue de l'emploi (et du revenu). La croissance des CPIS n'a pas été nulle, mais elle n'a pas permis d'absorber le surcroît massif de diplômés, qui a dû trouver par conséquent sa place à des niveaux hiérarchiques inférieurs.

Pour les positions de cadres et professions intermédiaires, les écarts sont encore plus prononcés : il aurait fallu en compter 53 % en tout pour maintenir la valeur des diplômes, alors que le groupe ne représente que 42 % de la population. Cet écart correspond aux ouvriers ou employés qui n'ont pas trouvé leur place dans les classes moyennes, place à laquelle leurs diplômes auraient pu leur permettre de prétendre selon l'équivalence entre diplômes et emploi dans les années 1980.

La justification générale en forme de déni des réalités que ce constat provoque le plus souvent est celui-ci : le bac de 2015 correspond au BEPC de 1950, en termes de part de titulaires dans une génération. Ce déclassement scolaire serait donc un phénomène « normal ». En réalité, il ne l'est pas : de 1962 à 1982, les titres avaient conservé leur valeur, alors même que la « première explosion scolaire » (le mot est d'Antoine Prost[1]) battait son plein, sans produire d'inflation évidente des titres, car l'expansion économique de l'époque a permis d'absorber la masse de jeunes diplômés à des niveaux semblables à ceux de leurs prédécesseurs. En revanche, en comparant la position sociale moyenne des nou-

1. Antoine Prost, *Histoire de l'enseignement en France (1860-1967)*, Paris, Armand Colin, 1968.

veaux diplômés à celle des cohortes précédentes, la « seconde explosion scolaire » fut un échec.

GRAPHIQUE 2.8
Pourcentage empirique et théorique (sous hypothèse de maintien de la valeur des diplômes depuis 1982) de cadres et professions intellectuelles supérieures (CPIS = classes moyennes supérieures) et de CPIS et professions intermédiaires (CPIS-PI = classes moyennes supérieures et intermédiaires)

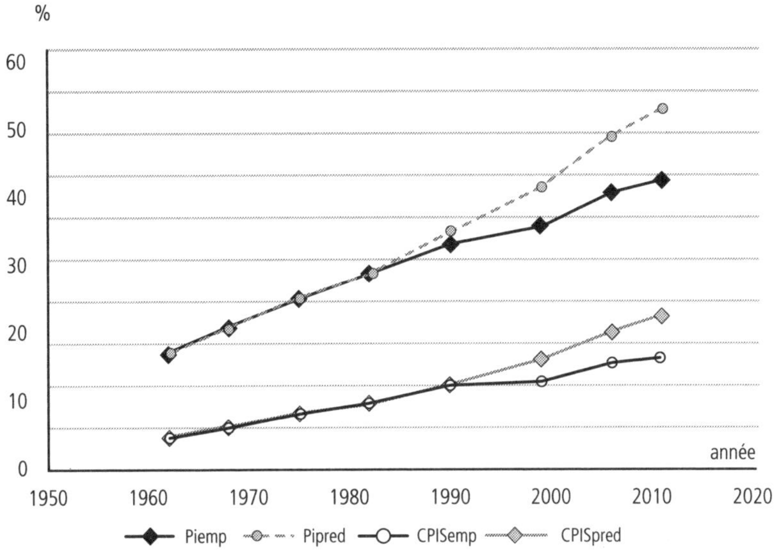

Source : Minnesota Population Center, Integrated Public Use Microdata Series, International : Version 6.1 [Machine-readable database], Minneapolis, University of Minnesota, 2016.

Certains soulignent que les classes moyennes intermédiaires bénéficient d'un meilleur niveau de diplôme, mais que signifie un diplôme supérieur pour ceux qui n'en ont ni le statut ni le salaire ? Pour les intéressés, cela signifie avant tout qu'ils n'ont pas eu la position que leur diplôme aurait laissé espérer s'ils étaient nés une décennie plus tôt. Par conséquent, une part croissante des professions intermédiaires sont des déclassés scolaires qui auraient pu accéder à la catégorie supérieure. Loin d'être marginaux dans la société française, les déclassés scolaires sont bien au cœur de l'édifice social. Les classes moyennes intermédiaires ne sont pas simplement garnies de déclassés tombés des classes moyennes supérieures, elles se sont en même temps vidées de membres potentiels des professions intermédiaires du point de vue du diplôme qui, faute d'avoir bénéficié de la valeur ancienne des titres scolaires de 1982, se situent en 2011 dans les classes populaires.

Le climat quelque peu délétère que l'on repère dans certains segments des classes moyennes ne relève pas simplement d'une peur sans fondement, mais de faits tangibles qui permettent de comprendre un sentiment qui n'a rien d'irrationnel. Nous reviendrons sur ce phénomène de déclassement scolaire pour montrer qu'il affecte avant tout les nouvelles générations d'adultes, bien plus que les anciennes. La masse déjà recrutée reste un peu à l'écart de ces vicissitudes, alors que les jeunes sont directement marqués par ce processus nouveau. Il permet de rendre compte d'une ambiance toute particulière suscitée par l'abondance, d'une part, de déclassés scolaires au sein des nouvelles générations, frustrés d'une position plus enviable qu'ils n'ont pas eue et parfois conscients de la promesse non tenue de la croissance des diplômes, et d'autre part de « survivants » de la compétition sociale qui, encore membres des classes moyennes intermédiaires, savent qu'ils auraient pu ne pas avoir cette chance et craignent de ne plus en bénéficier, comme un nombre croissant de titulaires du même niveau de diplôme.

Les méandres des sociétés de classe moyenne

Les pérégrinations de la question des classes moyennes dans les sciences sociales occidentales modernes peuvent surprendre. Les premiers signes d'apparition d'une société de classe moyenne n'ont été perçus ni en France, ni en Angleterre, ni même aux États-Unis, mais dans l'Allemagne bismarckienne – l'Empire austro-hongrois connaissant une dynamique parallèle. L'économiste Gustav Schmoller d'un côté, le sociologue Georg Simmel de l'autre ont assuré l'essor d'une pensée originale sur les groupes intermédiaires, souvent salariés et pour l'essentiel qualifiés, qui émergent dans les années 1890, dans le contexte de la construction d'un État allemand centralisé, bureaucratique, technologique, avide d'organisation et de contrôle de la population, capable de structurer de grands corps intermédiaires loyaux au régime – ou à tout le moins incapables de lui être hostiles. Schmoller et Simmel incarnent une étrange tension dans la culture allemande des sciences sociales. Le premier est un pilier du régime bismarckien et, s'il est associé dans l'histoire des idées au « socialisme de la chaire », ce socialisme a de quoi surprendre. Il s'agit avant tout de choix de politiques conservatrices guidées par la promotion d'une paix sociale propice à l'ordre impérial et non pas d'émancipation populaire – un christianisme social conservateur en réalité. D'autres aspects inacceptables rendent l'œuvre de Schmoller à peu près illisible. À l'opposé, Simmel occupe une place bien particulière dans le monde intellectuel allemand, en restant avant tout un artisan du savoir, un auteur autodéterminé, capable d'ouvrir des voies spécifiques, inédites dans les sciences sociales, et parfaitement marginal dans le système politique de son temps : comme c'est le cas souvent des génies véritables, son œuvre est plus utile à nos contemporains qu'aux siens.

Les deux auteurs divergent sur bien des plans, sauf sur le constat que la prophétie marxiste de paupérisation absolue des classes moyennes et de division de la société en deux classes en conflit – le prolétariat et la bourgeoisie – avait échoué à rendre compte de réalités sociales complexes. Le capitalisme autoritaire allemand comme autrichien avait suscité l'expansion d'une classe sociale modérément privilégiée, intéressée à la paix sociale et à l'ordre civil, située à mi-chemin et à l'écart d'une nouvelle classe d'entrepreneurs et d'une classe ouvrière pourtant moins appauvrie que son équivalent britannique. La bureaucratie d'État et des grandes entreprises de service comme la banque et l'assurance, le monde des ingénieurs et des techniciens supérieurs des secteurs industriels de pointe, sont autant d'organisations massives propices au développement d'un salariat qualifié, relativement homogène, éduqué sinon lettré, en demande de juste reconnaissance de sa position spécifique dans l'ordre impérial.

Pour Schmoller, les nouvelles classes moyennes, constituées en particulier de salariés – ce qui n'exclut pas la présence d'un petit capital familial – et d'employés qualifiés sont une ressource de stabilité dans le système social et doivent être promus par une politique statutaire privilégiée. La promotion d'une assurance sur le veuvage, la retraite, la santé et l'accès à l'éducation des enfants forment ici des supports matériels et statutaires essentiels. Le modèle militaire est ici évident : la division en grades de l'armée trouve son équivalent dans la structure sociale, où les ouvriers sont les soldats, les bourgeois les officiers, et les nouvelles classes moyennes forment le corps intermédiaire des sous-officiers. L'ordre hiérarchique et une solidarité militaire plus que sociale sont deux éléments du ciment des classes moyennes, que viennent compléter l'idéologie conservatrice et le dévouement à l'empereur.

Chez Simmel, les enjeux sont plus relationnels, culturels et symboliques. Le groupe social moyen, en pleine croissance numérique, situé au milieu du système de division en classes, est avant tout capable de réduire les tensions conflictuelles entre les classes adverses et de complexifier les frontières de l'espace social en constituant un nouveau, large, canal de mobilité sociale. L'émergence de groupes sociaux diversifiés dont l'allégeance aux structures mentales du prolétariat ou de l'aristocratie dominante demeure éminemment relative, malléable, incertaine, est un terreau essentiel de la modernité. La tension intéressante de cette époque tient à la convergence entre des structures politiques rigides issues du militarisme prussien, des aspirations statutaires relativement solidaires et les premiers frémissements d'aspirations culturelles et individuelles à la singularité.

L'écart entre la forme extérieure susceptible d'être observée – la simple analyse chiffrée de l'expansion de ce groupe social moyen – et le contenu social qui en résultait – les transformations de la modernité – constitue l'apport conceptuel principal de cette littérature. Dès cette époque, l'enjeu n'est pas simplement le développement d'un noyau salarié intermédiaire, mais bien d'une organisation sociale où ce groupe donne au reste de la société sa culture, son rythme, sa direction. Bien au-delà des classes moyennes elles-mêmes, c'est la société dans son entier – prolétariat et haute bourgeoisie compris – qui est affectée par les transformations de ce noyau central. La promotion de ce groupe diffuse vers le reste de la société des éléments culturels nouveaux, avant tout un « esprit du temps », un *Zeitgeist* spécifique. En revanche, en cas de crise, la contraction de ces classes moyennes suscite une crispation générale, un malaise capable d'affecter l'ensemble des formes sociales complexes qui avaient émergé lors de la phase d'expansion bismarckienne.

Dès la Belle Époque, nous trouvons des composantes essentielles du débat qui, dans la seconde moitié du XXe siècle, allait se structurer dans la plupart des pays développés. Néanmoins, dans l'après-1918, la disparition des Empires centraux qui avaient donné une forme particulière à ces classes moyennes les a finalement entraînées dans sa chute. Le fils du petit fonctionnaire des douanes de Linz échoue à l'examen de l'Académie des beaux-arts de Vienne et entame une vie d'intello précaire, avant de dévaster l'Europe. La spirale du déclassement systémique des classes moyennes entraîne l'effondrement dans le Troisième Reich. Dans son article prophétique de 1931 intitulé « Panik im Mittelstand » (« Panique dans la classe moyenne »), Theodor Geiger souligne l'extrême fragilité de la classe moyenne face aux récessions [1] : tout comme une bicyclette, quand elle n'avance pas, elle tombe. Même si le modèle américain de classe moyenne y a réchappé pour reprendre ensuite le flambeau, l'effondrement européen des classes moyennes a entraîné des nations entières dans la régression, pour deux générations entières parfois, et des millions de personnes ont disparu dans la conflagration. Il ne faut pas sous-estimer les conséquences des risques pesant sur les classes moyennes.

1. Theodor Geiger, « Panik in Mittelstand », *Die Arbeit*, nº 7, 1930, p. 637-653.

Les sept piliers de la civilisation de classe moyenne

Si nous avons analysé ci-dessus tout un ensemble d'indicateurs capables de caractériser la dynamique des classes moyennes, l'idée centrale ici est plus fondamentale. Elle est de fournir un diagnostic plus large et général sur le modèle de société de classe moyenne, son étendue et sa robustesse. Singulier et pluriel ont leur importance : dans la littérature empirique française, le pluriel est de mise pour souligner les différentes facettes de l'objet. La littérature internationale fait plus souvent usage du singulier. Ici, dans une phase théorique, en mentionnant la « civilisation de classe moyenne », nous insistons sur un point de convergence unique vers lequel devraient tendre idéalement les autres classes de la société.

La littérature socio-économique consacrée depuis la Libération à cette question permet de préciser un ensemble de critères. Ici, Jean Fourastié est un auteur essentiel, mais John Kenneth Galbraith, John Goldthorpe, David Lockwood, Michel Aglietta et Anton Brender, Henri Mendras, Robert Castel ont fourni, chacun, d'importantes contributions[1]. Au confluent de ces travaux, nous proposons sept critères, sept piliers d'une civilisation de classe moyenne :

1. Une société salariale avancée où les travailleurs permanents forment une large majorité.

1. Voir notamment Jean Fourastié, *Le Grand Espoir du XXe siècle*, Paris, PUF, 1949 ; John Kenneth Galbraith, *L'Ère de l'opulence*, trad. Andrée Picard, Paris, Calmann-Lévy, 1961 [1958] ; John Goldthorpe, David Lockwood, Frank Bechhofer et Jennifer Platt, *L'Ouvrier de l'abondance*, trad. Jean-Paul Chamozzi *et al.*, Paris, Seuil, 1972 [1968-1969] ; Michel Aglietta et Anton Brender, *Les Métamorphoses de la société salariale. La France en projet*, Paris, Calmann-Lévy, 1984 ; Henri Mendras, *La Seconde Révolution française*, Paris, Gallimard, « Folio Essais », 1994 [1988] ; Robert Castel, *Les Métamorphoses de la question sociale. Une chronique du salariat*, Paris, Gallimard, « Folio Essais », 1999 [1995].

La société salariale est un prérequis de la société de classe moyenne : l'unification de la norme d'emploi autour d'un contrat stable de référence permet l'émergence d'un modèle statutaire nécessaire à la formation d'un groupe social central.

2. Un système économique où le salaire moyen est suffisant pour mener une vie confortable, notamment par l'acquisition d'un logement décent.

L'émergence d'une société de consommation, marquée par des niveaux de revenus suffisants pour produire une épargne permettant d'accéder à la propriété du logement et offrir des conditions de vie stables aux individus et à leur famille, en est le volet symétrique. Autant la stabilité de l'organisation salariale renvoie à la construction d'une solidarité collective, sociale (elle est pensée comme une contribution au bien commun), autant le modèle de consommation et d'acquisition d'un patrimoine qu'elle rend possible souligne la nature individualiste, familiale et petite-bourgeoise des classes moyennes. Cette forme bifide, à un certain point contradictoire, est un trait caractéristique des classes moyennes qui ne seront que rarement de bons agents de la révolution marxiste – sauf rupture historique de régime socio-économique où toutes les aventures politiques deviennent possibles.

3. Une protection sociale généralisée ouverte par le salaire, conçu non seulement comme un revenu mais comme un support de droits sociaux.

La dimension solidaire des classes moyennes apparaît avant tout sous la forme de l'institutionnalisation du salaire dans la société salariale au sens fort du terme : c'est tout à la fois la répartition d'un revenu, d'un statut, d'une assurance solidaire au long de la vie, susceptible d'inclure un accès gratuit à de nombreux services naguère marchands (santé, garde d'enfants, aide à domicile, culture, tourisme social, etc.).

4. Une expansion scolaire alimentant les courants de mobilité sociale ascendante et les espoirs d'extension d'une méritocratie véritable.

Au-delà de l'aspect proprement intégrant de la société salariale de classe moyenne et de sa fonction protectrice pour les contemporains, une dimension essentielle est celle de l'investissement en faveur des générations futures. La prise en charge de la veuve et de l'orphelin du salarié protégé en était un élément précurseur, mais la forme élaborée de ce pilier s'attache particulièrement à la formation de la génération suivante. Galbraith rappelle dans *L'Ère de l'opulence* qu'au centre du modèle de la classe moyenne se trouvent les efforts de la génération des parents pour offrir à leurs enfants la meilleure éducation possible ; il doit s'ensuivre une carrière à la mesure, dans une société méritocratique ouverte au travers de l'obtention d'un diplôme supposé prévaloir sur le capital économique des parents. Dans les classes moyennes, les parents se comparent avant tout au succès scolaire de leurs enfants, qui doivent nécessairement aller plus haut. Le modèle de mobilité sociale ascendante perpétuelle fait partie des idéaux impossibles à réaliser sur le long terme de cette société de classe moyenne.

5. Une croyance empiriquement fondée dans le progrès social, scientifique et humain.

La société de classe moyenne est intrinsèquement ancrée dans le mythe de la modernité fondée sur le dépassement permanent, une nouvelle frontière éternelle que le progrès scientifique permet de repousser à chaque génération.

6. Une prise de contrôle de la sphère politique par les catégories intermédiaires de la société, au travers de syndicats, d'associations et de mouvements sociaux développés par et pour les intérêts du plus grand nombre.

Pour que l'ensemble des groupes sociaux en présence – élite et peuple – puissent participer à la dynamique moyenne, le pouvoir doit échoir aux classes moyennes par l'intermédiaire de représentants formés dans les institutions de la société civile, syndicats et mouvements sociaux liés à ces catégories. L'hégémonie de ce modèle peut être démocratique à la condition que ce pouvoir des classes moyennes parvienne à constituer une majorité. Mais nous voyons poindre ici quelques contradictions.

7. La promotion d'objectifs politiques de progrès mesurés, équilibrés au regard des contraintes réelles.

Pour assurer la soutenabilité de long terme de ce processus d'hégémonie des classes moyennes sur l'ordre social – malgré toutes les contradictions que ce critère laisse entrevoir –, il est vital de maintenir un équilibre entre le possible et le désirable. La nature potentiellement frustrante d'aspirations sans cesse ascendantes dans un contexte de croissance par nature limitée est le problème permanent de la modernité. C'est ici un problème récurrent de la civilisation de classe moyenne : les surenchères culturellement révolutionnaires de ce modèle social, où chaque génération se doit d'ambitionner le dépassement de toutes les audaces précédentes, sont insoutenables par nature. Pour éviter ce modèle de frustration systémique en accélération permanente, un processus de modération réaliste et lucide doit être mis en œuvre. Émile Durkheim proposait le néo-corporatisme comme instance de régulation collective[1], mais un simple rappel à l'ordre des contraintes par une bureaucratie rationnelle est un levier efficace quoique générateur d'ennui.

Ces sept piliers de la civilisation de classe moyenne ont assuré de grandes avancées dans les sociétés humaines. Surtout, ils ont représenté une dynamique centripète où même les groupes antagonistes – prolétariat et grande bourgeoisie – pouvaient trouver des raisons de participer à la construction d'un édifice potentiellement ouvert à tous, notamment par mobilité intergénérationnelle. Mais ce modèle laisse apparaître de nombreuses contradictions, voire un désenchantement majeur, propre à tout système de révolution permanente

1. Émile Durkheim, *De la division du travail social*, préface de la seconde édition, Paris, PUF, « Quadrige », 2004 [1902].

combiné à une nécessaire planification de progrès futurs qu'il s'agit de partager avant même de les voir émerger pour de bon. Il faut être singulièrement naïf pour croire sans faille à l'utopie institutionnalisée, être doué d'une bonne volonté à toute épreuve devant une démocratie à l'évidence très planifiée où les alternances sont par nature rares. Nous comprenons aisément comment cette utopie réalisée a pu représenter l'idéal de deux générations au moins de militants socio-démocrates ou autres depuis la Libération, et comment le point culminant des années 1970 ou 1980 fut pour les contemporains la conquête d'une terre promise. En revanche, les sept piliers se fissurent pour les successeurs, ce qu'un passage en revue des critères précédents devrait montrer.

Si le salariat demeure majoritaire, l'expansion d'un précariat dépendant de redistributions sociales ou familiales est un phénomène émergent, qui ne va pas dans la direction précédente. Les doutes se développent quant à la capacité du modèle de protection sociale de maintenir pour les générations suivantes ce que les précédentes se sont vu offrir : un niveau décent de retraite, de santé et d'accès aux soins, le plein emploi, la gratuité de l'accès à des études de qualité, autant de ressources collectives menacées par les déséquilibres d'une société vieillissante incapable de prévoir son avenir. Ces questions sont à la source du malaise contemporain. Le constat d'un processus d'inflation scolaire, en particulier dans les pays du sud de l'Europe, notamment en France, est un véritable souci, surtout lorsque l'héritage dont disposent les enfants de l'élite vient biaiser le jeu méritocratique d'acquisition des diplômes et de leur valorisation sur le marché du travail. En matière de progrès scientifiques, la promesse du voyage sur Mars n'est jamais que l'instauration d'une routine, après la conquête de la Lune, et si les progrès humains se réduisent à un gain quantitatif d'espérance de vie susceptible de s'inverser, comme nous le voyons aux États-Unis, la perspective de progrès pourrait être moins consensuelle. Politiquement, le retour des « fils et filles de... », qui accompagne le processus de repatrimonialisation, pourrait biaiser une fois encore l'accès à la représentation politique des classes moyennes intermédiaires. La modération des appétits et des ressources pourrait dissimuler une gestion cynique et clientéliste de répartition de la pénurie.

Le miracle de la civilisation de classe moyenne, pour la génération qui a connu la guerre, laisse la place pour la suivante à une situation d'impatience et de course en avant perpétuelle où, une fois atteint, l'objectif précédent est déjà dépassé. Au bout de ces différentes analyses, des éléments tangibles, objectifs et concrets semblent avoir été occultés par les tenants de l'hypothèse du maintien statutaire des classes moyennes : quoique dans un meilleur état que les classes populaires, « pour l'instant » dirait-on, les intéressés font face à des tensions objectives fondées sur des faits sociaux au sens durkheimien du terme – s'imposant de l'extérieur aux individus qui les subissent, contraignants, étendus dans l'espace social. Les classes moyennes ne sont plus protégées des maux de la crise qui remontent jusqu'à elles. Il se peut même que le discours du maintien de leur statut ne fasse qu'amplifier les tendances, en opposant aux difficultés sociales réelles qu'elles vivent des discours en forme de dénégation propices au développement des frustrations et du ressentiment général : dénier l'existence du déclassement, notamment scolaire, de la précarité de l'emploi, du chômage, de la stagnation salariale, et bien sûr de la crise du logement, auxquels les classes moyennes sont dorénavant exposées « presque comme les autres », pourrait leur retirer jusqu'à la capacité d'exprimer une souffrance réelle. Faire l'impasse sur ces difficultés pour se contenter de politiques ciblées sur les catégories « les plus en difficulté » pourrait bien ne faire qu'accroître ces frustrations et ces angoisses d'autant plus légitimes qu'elles ont un fondement empirique évident. Ici, le déni rappelle cet orphéon qui sur le pont n'a cessé de jouer sa sérénade qu'au dernier instant. En ne traitant aujourd'hui qu'avec retard les problèmes d'hier, nous oublions de voir le déclassement systémique qui nourrit le flux massif des victimes de demain.

Chapitre 3
Désillusions générationnelles

> « L'éduction actuelle pèche en outre en ne préparant pas l'être jeune à l'agressivité dont il est destiné à être l'objet. En lâchant la jeunesse avec des orientations psychologiques aussi peu justes, l'éducation ne se comporte pas autrement que si l'on équipait de vêtements d'été et de cartes des lacs italiens des gens partant pour une expédition polaire. »
>
> Sigmund Freud,
> *Le Malaise dans la civilisation*, 1930
> (trad. Bernard Lortholary, Seuil, 2010).

Le diagnostic de la fracture générationnelle de la société française se complète au fil des ans, confirmant l'accumulation des difficultés que chaque nouvelle génération d'adultes a rencontrées à l'entrée dans le monde du travail et dont elle a ensuite subi les conséquences. La fonction des nouvelles générations comme variable d'ajustement de la crise socio-économique et la faiblesse des mécanismes de rattrapage transforment ce choc initial en traumatisme durable, dont l'effet de scarification se mesure encore des décennies plus tard. Même si je me suis assez récemment adonné à une réévaluation de ce phénomène [1], j'ai constaté que nous

1. Louis Chauvel, « Générations et déclassement systémique : le diagnostic des années 2010 », in *Le Destin des générations. Structure sociale et cohortes en France du XXe siècle aux années 2010*, Paris, PUF, 2010, p. 13-62.

sommes encore loin d'en avoir épuisé l'analyse, puisque l'on ne cesse de découvrir de nouvelles dimensions à cette longue crise de développement.

En sciences sociales, contrairement à celles de la nature, les vérités anciennes peuvent se révéler fausses aujourd'hui, à mesure que le changement social fait son œuvre. La moindre vérisimilitude d'une théorie peut signifier la venue de temps nouveaux. Cet exercice – qui consiste à passer de nouveau à l'examen critique les données disponibles, à mesurer la solidité des structures passées pour estimer si elles perdurent jusqu'au présent – présente une double difficulté. D'une part, si rien de neuf ne se présente, le risque est bien celui de la confirmation routinière de la permanence des faits : la meilleure façon de rendre les sciences sociales ennuyeuses ! D'autre part, le diagnostic passé pourrait être dépassé, ce qui n'est pas une perspective plaisante pour l'inventeur d'une structure lourde qui préférera toujours le constat de la pérennité de sa découverte. La question est donc de savoir si nous voyons poindre l'entrée de notre société dans un nouveau régime social. Pour lever le suspense, disons que, malheureusement, au-delà de la simple réitération, ce travail montre l'accentuation des tendances précédemment mises au jour et l'acheminement vers leur irréversibilité.

La théorie des générations sociales et le métabolisme démographique

Exception faite peut-être de celle des classes sociales, la théorie des générations constitue le maillon le plus important des sciences sociales. En tant que vecteur, acteur et passeur des transformations collectives, la génération est une unité d'analyse essentielle du changement social. De Karl Mannheim à Norman B. Ryder, Henk A. Becker et Wolfgang Lutz [1], cette tradition de recherche

1. Karl Mannheim, *Le Problème des générations*, trad. Gérard Mauger et Nia Perivolaropoulou, Paris, Armand Colin, 2011 [1928] ; Norman B. Ryder, « The

s'intéresse à la façon dont fonctionne le métabolisme démographique, fondé sur le remplacement des générations anciennes par les nouvelles. Il en résulte un porte-à-faux permanent entre les jeunes et les anciens, les anciens jeunes devenant à leur tour de nouveaux vieux, en une chaîne éternelle de groupes humains porteurs de vécus historiquement hétérogènes. La transmission et la confrontation de statuts et de représentations différents forment dans leur dialectique un puissant moteur d'évolution, dont on peut supposer qu'il se bloque dès qu'une génération revendique la jeunesse et la vie éternelle.

En démographie, l'usage international est de parler de « cohortes de naissance » pour caractériser l'ensemble des individus nés dans une période donnée, et dont nous constatons les différences objectives – en termes de conditions socio-économiques au berceau ou de niveau de diplôme atteint lorsqu'est passé le cap de l'entrée dans la vie active – plus que nous ne supposons de valeurs communes. En sociologie, la tentation théorique est plus forte de comprendre la dynamique des transformations sociales au travers de l'idée de « générations sociales », supposées marquées par des valeurs, des traits culturels, un *Zeitgeist*, l'esprit du temps qu'elles incarneraient. Cette théorie, à laquelle Karl Mannheim a offert une contribution majeure au cours de la crise des années 1920 en Allemagne, ne fait cependant pas l'hypothèse que chaque génération est un acteur social homogène et univoque – on compte dans chacune d'elles des femmes et des hommes, des bourgeois et des prolétaires, des personnes dont les options idéologiques et religieuses diffèrent. Ce qui fait génération n'est pas l'uniformité d'un groupe humain de même âge, mais le partage d'une scène de vie,

---

cohort as a concept in the study of social change », *American Sociological Review*, vol. 30, n° 6, 1965, p. 843-861 ; Henk A. Becker, « Discontinuous change and generational contracts », *in* Sara Arber et Claudine Attias-Donfut (dir.), *The Myth of Generational Conflict : The Family and State in Ageing Societies*, Londres/New York, Routledge, 2000, p. 114-132 ; Wolfgang Lutz, « Demographic metabolism : A predictive theory of socioeconomic change », *Population and Development Review*, vol. 38, sup. 1, 2013, p. 283-301.

de contraintes d'existence et d'un esprit de génération spécifiques que les autres générations en présence sont trop jeunes ou trop âgées pour en vivre entièrement les conséquences d'une façon semblable. Pour Karl Mannheim, la notion importante est celle de « *neuartige Zugang* », littéralement d'« accès novateur » à un contexte inédit[1]. Le manque d'expérience d'une nouvelle génération est souvent un handicap, sauf précisément lorsque le contexte lui-même nouveau désarçonne les plus expérimentés : Stephan Zweig rappelle bien l'inanité ou la péremption politique de son héritage idéologique d'Européen libéral formé à la Belle Époque, une fois qu'il se retrouve en pleine maturité au milieu de l'affrontement du fascisme et du communisme[2].

La différence entre la cohorte et la génération est que cette dernière est une caisse de résonance de l'esprit du temps alors que les membres de la première n'ont en commun que le fait d'être nés au même moment. Si la « génération X », par son manque de cohérence socio-historique, peut être qualifiée de cohorte, de génération « en creux » faute de s'être constituée en acteur du changement social, la génération 68, celle qui avait une vingtaine d'années à la fin des années 1960, mérite bien le titre de génération sociale, politique, historique. Avant d'élaborer un tel diagnostic générationnel, les chercheurs en sciences sociales interrogent le destin collectif des cohortes observées pour déterminer si celles-ci sont bien singulières en regard des autres.

C'est ainsi que, récemment, à la suite de ses prédécesseurs, Wolfgang Lutz a proposé un modèle d'analyse démographique où le remplacement de générations anciennes par de nouvelles, porteuses de caractéristiques différentes – notamment en termes de niveau d'éducation –, est la source du métabolisme socio-économique. Dans un grand nombre de domaines, en sociologie

1. Les traductions peinent à nous en rendre le sens : en français, « approche nouvelle » perd l'idée d'initiation, alors qu'en américain « *fresh contact* » introduit une dimension plus physique que culturelle.

2. Stephan Zweig, *Le Monde d'hier. Souvenirs d'un Européen*, trad. Serge Niémetz, Paris, Belfond, 1982 [1944].

des classes sociales, des opinions ou des comportements politiques[1], cette théorie est d'une grande efficacité. La difficulté est qu'elle ne peut s'appliquer qu'avec une certaine circonspection : Lutz, par exemple, a tendance à considérer que la répartition des niveaux de diplôme dans une génération – l'augmentation du nombre d'étudiants du supérieur, la disparition des illettrés – est la variable clé, porteuse d'une valeur intrinsèque, absolue, invariable au long des cohortes de naissance.

Il semble préférable à cet égard de raisonner en termes relationnels. Le prolongement des études est un facteur important de développement générationnel, sans aucun doute, mais il peut avoir des conséquences complexes et paradoxales : pour les jeunes générations, un haut niveau de diplôme est une promesse d'avenir meilleur, mais, si les perspectives et les débouchés viennent à manquer, faute de pouvoir disposer de places relativement confortables en nombre suffisant dans la structure sociale, l'écart entre les promesses et la réalité peut être la source d'une tension insoutenable et de lourdes frustrations.

Dès lors, il est important de reconstruire cette théorie des générations, pour souligner qu'elle relève avant tout de l'écart fluctuant – et non pas de la continuité linéaire – entre l'investissement ou, disons, le legs qu'une génération a reçu des précédentes et ce qu'elle parvient effectivement à en faire dans sa vie réelle, pour tenter éventuellement d'en transmettre le meilleur aux suivantes. Une part importante de cette traduction entre ces ressources initiales – dont le niveau de diplôme est un élément majeur – et les réalités de la vie s'opère au cours de la socialisation transitionnelle des individus.

C'est ici qu'intervient l'idée mannheimienne de *neuartige Zugang*, d'« accès novateur ». Dans la vie sociale normale, chaque nouvelle cohorte traverse la succession des étapes de socialisation d'une façon relativement semblable, sans grande surprise, sans à-

1. Maria T. Grasso, *Generations, Political Participation and Social Change in Western Europe*, Londres, Routledge, 2016.

coup générationnel. Reprenons ainsi la division proposée par Talcott Parsons, puis vulgarisée par Peter Berger et Thomas Luckmann [1], entre socialisation primaire – celle de la famille et de l'école, dédiée aux apprentissages initiaux, tels que la transmission de la langue maternelle, le calcul, les savoirs de base ou l'éducation censée advenir sur la « table rase » chère à Durkheim – et socialisation secondaire – au cours de laquelle l'individu doit adapter en permanence des savoirs en apparence acquis, mais déstabilisés par d'autres instances, à des contraintes nouvelles. Entre ces deux périodes distinctes apparaît un troisième moment, celui de la socialisation transitionnelle [2], qui est l'opérateur central de cette théorie générationnelle de l'« accès novateur ». Le point culminant de son action a lieu lorsque, quittant la dépendance familiale et l'école obligatoire comme institutions de socialisation primaire, les individus se retrouvent devant les expériences inédites – pour eux-mêmes – de leur progressive autonomisation sans avoir encore atteint le point de stabilisation au sein des institutions de socialisation secondaire – l'entreprise et la structure familiale qu'ils créent ou auxquelles ils s'intègrent.

FIGURE 3.1
Les étapes de la socialisation

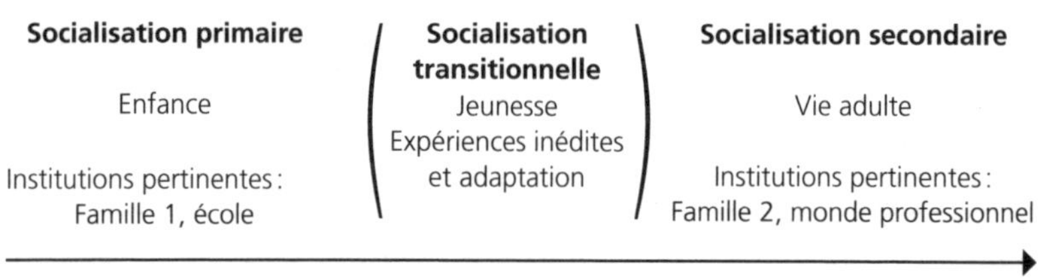

1. Voir Peter Berger et Thomas Luckmann, *La Construction sociale de la réalité*, trad. Pierre Taminiaux, revue par Danilo Martuccelli, Paris, Armand Colin, 2012 [1966].

2. Dans un tout autre contexte, Laurence Roulleau-Berger parle aussi de la socialisation transitionnelle de la jeunesse : *Le Travail en friche. Les mondes de la petite production urbaine*, La Tour d'Aigues, Éditions de l'Aube, 1999.

Ce moment de socialisation transitionnelle est celui où les possibilités ouvertes de l'avenir – disons idéalement autour de l'âge de dix-huit ans – se referment en irréversibilités : l'histoire ne repasse que rarement les plats pour ceux qui ne les ont saisis à temps. Le début de la socialisation transitionnelle, le plus souvent à l'université ou ce qui en tient lieu, offre un éventail de potentialités que les choix successifs qu'il faut inéluctablement opérer restreignent un peu plus à chaque nouvelle bifurcation ; cette période de latence plus ou moins brève prend fin avec le lancement dans la vie professionnelle, la formation d'un couple, la projection d'une identité d'adulte, l'acquisition d'un statut social durable ou permanent. Ce schéma peut toutefois connaître des inflexions : que l'on rencontre ou non les personnes idoines, ou le contexte d'expression de ses talents, et tout peut être remis en question, avec parfois l'effet cicatrice que nous allons tenter de mesurer. Cette socialisation transitionnelle peut être précoce ou tardive, totalement irréversible ou susceptible d'être modulée mais, pour la France, le constat est le suivant : tout se joue avant trente ans, voire bien avant, en particulier lorsque les situations d'échec se cristallisent.

L'élément le plus important de la socialisation transitionnelle est l'abondance de possibilités dans un contexte d'extrême fragilité. À l'échelle individuelle, un gros rhume au moment des concours peut être aussi fatal aux ambitions que tout autre traumatisme – réel ou ressenti comme tel – susceptible d'affecter les performances cognitives ou autres du candidat. À l'échelle sociohistorique d'une génération entière, une crise économique majeure ou une croissance rapide, une guerre mondiale ou la révolution dans le Quartier latin, peuvent changer intégralement, en très peu de temps, le contexte d'opportunités. Les images borgésiennes de *La Loterie à Babylone* et du *Jardin aux sentiers qui bifurquent* peuvent ici offrir des représentations complémentaires de ce phénomène [1]. Pour les générations qui font face à un changement complet de régime de socialisation transitionnelle, cela peut

1. Ces deux nouvelles de Jorge Luis Borges sont réunies dans le recueil *Fictions*, trad. Roger Caillois *et al.*, Paris, Gallimard, 1951 [1944].

signifier par exemple la découverte que le diplôme est une ressource de plus en plus nécessaire et de moins en moins suffisante au succès professionnel. Émerge alors un précariat généralisé d'intellectuels sans ressources économiques porteuses d'autonomie[1], dans un contexte nouveau de dépendance parentale à perpétuité.

Dans le cas général, lorsque la socialisation transitionnelle s'opère sans à-coup collectif, il faut s'attendre à des ajustements souples entre les ressources – croissantes du point de vue du diplôme en tous cas – et une progression socio-économique marquée par la multiplication des emplois qualifiés correspondants : nous pouvons appeler ce phénomène « aspiration vers le haut », pour traduire l'idée américaine d'*upgrading*. Alors, même si les rythmes d'élévation des diplômes et des positions sociales divergent légèrement, l'ajustement progressif débouchera sur un équilibre au long terme, souple, voire linéaire, des aspirations et des possibilités sociales de réalisation. En revanche, la situation devient véritablement intéressante lorsque le régime transitionnel connaît de brusques variations, comme c'est le cas avec le passage d'un régime de plein emploi à un régime de chômage de masse, ou d'un régime de stabilité de la relation entre titres scolaires et position sociale à un autre marqué par l'inflation des diplômes. C'est précisément ce que nous connaissons aujourd'hui.

La stagnation économique discriminante

Afin de réévaluer le constat de la fracture générationnelle, nous nous intéresserons successivement à plusieurs dimensions complémentaires : le niveau de vie, le rendement du diplôme, la mobilité

1. Cyprien Tasset, Thomas Amossé et Mathieu Grégoire, « Libres ou prolétarisés ? Les travailleurs intellectuels précaires en Île-de-France », rapport de recherche CEE, n° 82, 2013, <www.cee-recherche.fr/publications/rapport-de-recherche/libres-ou-proletarises-les-travailleurs-intellectuels-precaires-en-ile-de-france>.

sociale, les transformations de la consommation, la représentation politique.

Le premier élément spécifique, central, du métabolisme générationnel de la société française est le maintien d'inégalités fortes et durables entre cohortes de naissance : il existe des générations sociales chanceuses et d'autres qui le sont moins. Les premiers-nés du baby-boom, nés autour de l'année 1948, sont entrés dans le monde du travail dans une période d'expansion majeure. Ils ont bénéficié ainsi d'une stabilisation précoce dans la vie adulte, dans un contexte de moyennisation de la société, de conquête de nouveaux droits salariaux, de croissance de l'emploi dans les grandes entreprises et le secteur public, de reconnaissance d'une carrière complète à des niveaux de cotisation plus élevés au moment de la liquidation des droits à la retraite, d'où des niveaux de vie records aujourd'hui.

Lorsque les premiers baby-boomers étaient jeunes, les vieux d'alors étaient pauvres et peu nombreux, du fait de leur espérance de vie réduite, et ne représentaient pas un coût considérable pour leurs contributions socio-fiscales, ce qui permettait de dégager des excédents budgétaires favorables à l'investissement, au recrutement de la main-d'œuvre et à sa promotion par la carrière. La période fut éminemment favorable aux jeunes adultes des années 1970, en particulier pour l'acquisition à bon marché de biens immobiliers qui aujourd'hui représentent une réserve considérable : la repatrimonialisation ne compte pas que des victimes.

Évidemment, dans cette génération, certains sont pauvres, ont connu le chômage de masse, n'ont jamais fait carrière, n'ont pas accumulé de droits sociaux, sont restés locataires dans le secteur privé, ont été revendus à la découpe, etc. Mais la différence relève de variations massives de proportions : pour ceux qui ont échoué, l'État social a joué son rôle de filet protecteur, comme en atteste aujourd'hui le niveau de vie exceptionnellement élevé des seniors de 65 à 74 ans, leur niveau inédit d'accès à la propriété, leur taux de pauvreté historiquement bas, leur niveau d'inégalité intracohorte inférieur à celui des autres – sauf si on introduit les revenus implicites de la propriété comme au chapitre 1. Par contraste, pour les adultes du début de ce siècle, notamment ceux en milieu de carrière, les éléments probants d'une progression sociale sont d'une grande parcimonie. En revanche, il est vrai que, jusqu'à des âges élevés, ils continuent de recevoir des subsides de leurs parents, dont souvent ils continuent de dépendre étroitement pour maintenir un certain niveau de consommation.

Avec le passage des Trente Glorieuses à la croissance ralentie, le chômage de masse et le ralentissement durable de l'investissement depuis la fin des années 1970 se sont accompagnés d'une redistribution des ressources économiques à l'avantage des générations statutairement protégées en 1980, à la défaveur du destin économique de ceux qui, trop jeunes alors, en ont subi toutes les conséquences[1]. Ce phénomène est systémique, « holiste », puisqu'il embrasse l'ensemble des aspects de la société et qu'il représente bien plus que la somme des soucis de chaque chômeur. Pire encore, il semblerait qu'au sein des générations moins chanceuses, ceux qui ont échappé au chômage, et que l'on aurait pu croire indemnes, sont affectés néanmoins par un effet plus général de stagnation, comme s'ils étaient victimes par contagion de la moindre chance de leurs voisins.

Le niveau de vie (revenu net après taxes et transferts par unité de consommation) par cohorte permet ainsi de mesurer les inégalités entre générations. L'information est réduite ici aux individus âgés de 25 à 64 ans, de façon à se focaliser sur les adultes d'âge actif et sur les jeunes retraités. La source est ici celle des données françaises des enquêtes « Budget des ménages » (BDM) dans la version harmonisée par le *Luxembourg Income Study (LIS)* de 1978 à 2005. Les données sont donc fondées sur un déclaratif suivi et

1. Dans leur article, « Peut-on parler de "générations sacrifiées" ? Entrer sur le marché du travail dans une période de mauvaise conjoncture économique », *Économie et statistiques*, n° 462-463, 2013, p. 5-23, Mathilde Gaini, Aude Leduc et Augustin Vicard montrent un faible lien entre conjoncture du chômage et effet cicatrice sur une génération, mais comme ils n'utilisent les enquêtes Emploi qu'à partir de 1982, et non avant, ils ignorent les conséquences du passage du plein emploi au chômage de masse.

contrôlé des budgets des ménages, réévalués en euros de 2014 pour tenir compte de l'inflation [1].

Les enquêtes BDM mettent en évidence le sort systématiquement plus favorable des cohortes nées autour de 1948 par rapport à leurs prédécesseurs et surtout leurs successeurs (nous discuterons de la situation depuis 2005 ci-après). En termes de niveau de vie, nous observons en 2005 un gain de l'ordre de 10 % en moyenne pour les individus âgés de 25 à 39 ans, contre un peu plus de 30 % pour les personnes âgées de 50 à 65 ans. Les dix points de gain pour les jeunes adultes sont à contraster avec le triplement du pouvoir d'achat des salaires obtenu par les jeunes de la génération précédente, entre 1951 et 1978, sur une même durée de vingt-sept ans. En regard du doublement de l'indice des prix de l'immobilier des années 1990 à nos jours, qui handicape les primo-accédants – généralement jeunes – et bien au contraire avantage les seniors propriétaires (ce qui devrait contribuer à la complexification de la notion d'inflation), un gain de pouvoir d'achat de 10 % pour les trentenaires ne représente pas grand-chose.

1. Il convient de préciser de nouveau qu'il s'agit de sources budgétaires sur les ressources monétaires circulant effectivement sur les comptes des ménages, et non pas de bénéfices en nature, comme les soins médicaux ou les études, dès lors qu'il s'agit de biens non marchands. Un écart important avec d'autres sources, comme la comptabilité nationale, ou d'autres encore où le fruit de ces services sociaux sont pris en compte comme un revenu, provient de ce qu'une part importante de la croissance française « ne se voit pas dans le porte-monnaie », surtout pas celui des jeunes. Voir Hippolyte d'Albis, Carole Bonnet, Julien Navaux, Jacques Pelletan et François-Charles Wolff, « Le déficit de cycle de vie en France : une évaluation pour la période 1979-2011 », Ceremap, Document de travail n° 1513, 2015, <www.cepremap.fr/depot/docweb/docweb1513.pdf>. Bien que Guillaume Allègre clame dans *Le Monde* du 9 juin 2014 que « les jeunes de 15-35 ans ont un niveau de vie supérieur à celui de leurs parents au même âge », il convient de préciser que ce n'est véritablement le cas qu'en comptant le coût public et familial correspondant au supplément d'études de la jeunesse comme un véritable revenu. Dans le budget monétaire net des jeunes ménages, la croissance mesurée en une trentaine d'années est épaisse comme le papier à cigarette de l'inflation.

Les trois temps du changement social

Dans le débat français sur les inégalités entre générations, les modèles âge-période-cohorte (APC), qui ont pour objectif d'identifier les fluctuations et tendances de changement social portées par l'âge (l'effet du vieillissement au sens large), la période (le cycle économique) et la cohorte (l'opposition de générations chanceuses ou non), ont été longtemps sous-utilisés[1].

Ces modèles tentent de séparer le rôle spécifique de chacun des trois temps du changement social que l'on peut représenter grâce au diagramme de Lexis, une découverte majeure de la démographie qui remonte à 1872.

Dans ce diagramme, on représente le temps horizontal des périodes et celui, vertical, des classes d'âge qui engendrent à leur tour un temps diagonal que suivent les cohortes au long de leur ligne de vie.

FIGURE 3.2
Le diagramme de Lexis

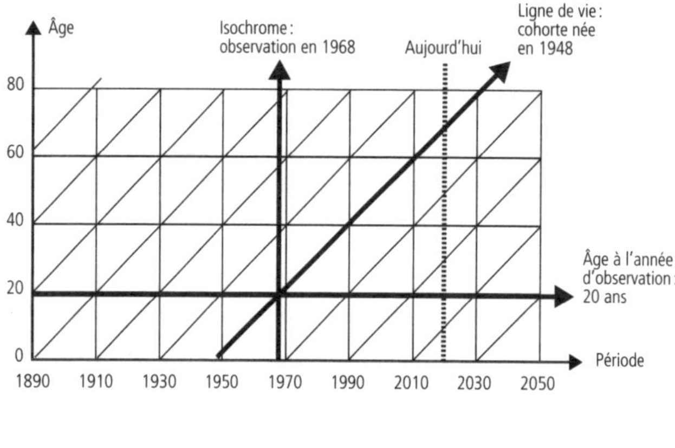

1. La situation semble néanmoins s'améliorer avec le développement de travaux nouveaux, notamment sur le patrimoine, comme Jean-Baptiste Bernard et Laura Berthet, « French households financial wealth : which changes in 20 years ? ». Document de travail Insee, G 2015 / 18, 2015, <www.insee.fr/en/publications-et-services/docs_doc_travail/G2015-18.pdf>.

Ce diagramme exprime la permanente disparition des générations anciennes, qui périssent au bout de leur processus de vieillissement, et sont remplacées par de nouvelles qui s'effaceront à leur tour. Chaque cohorte constitue ainsi comme le grain de temps d'un sablier social où la fin individuelle promet le renouvellement collectif.

À l'aide du diagramme de Lexis, nous pouvons analyser de nombreux phénomènes qui se structurent tôt dans l'existence. L'approche descriptive a été généralement privilégiée soit parce que la taille des échantillons était supposée assez large pour négliger les incertitudes statistiques, soit en raison des contraintes d'accès aux données, les plus anciennes étant souvent compilées dans des publications descriptives, ce qui réduit malheureusement les possibilités d'analyse et d'explication transitant par la progression des diplômes ou les variations de la structure des familles ou de la fécondité.

Une nouvelle génération de travaux développe différents modèles âge-période-cohorte (APC) pour tenter de repérer comment certaines générations chanceuses ou non ont pu connaître un destin spécifique. Il s'agit d'une économétrie appliquée à la démographie d'une certaine complexité[1], mais dont l'idée générale est de repérer dans un ensemble de données longitudinales ou non les groupes d'âge, de période ou de cohorte qui divergent de leur tendance linéaire observée au long terme. En raison de la relation $a = p - c$ signifiant la colinéarité parfaite entre les trois tendances linéaires, la modélisation économétrique fait face à un souci de colinéarité parfaite. Il est possible d'y remédier de différentes façons, en particulier en ne considérant que les écarts à la tendance, d'où le modèle APC-détendancialisé, qui introduit des contraintes idoines sur les coefficients, pour faire de APCD ainsi un détecteur de bosses générationnelles.

Pour assurer une meilleure robustesse des résultats, les cohortes les plus anciennes et les plus récentes sont exclues de façon à ne comparer que celles pour lesquelles nous disposons au moins de

1. Voir Louis Chauvel, « Spécificité et permanence des effets de cohorte. Le modèle APCD appliqué aux inégalités de générations, France/États-Unis, 1985-2010 », *Revue française de sociologie*, vol. 54, nº 4, 2013, p. 665-705.

deux mesures différentes. Des modèles plus complexes permettent de mesurer la durabilité d'effets de cohorte au cours du vieillissement de la cohorte, les variations de l'intensité des écarts entre deux ou plusieurs groupes pertinents – de genre, de groupe ethnoculturel, de diplôme, etc. Ce domaine méthodologique en pleine expansion aux États-Unis reste assez marginal en Europe continentale.

Pour comprendre ce qui se passe depuis la crise économique de 2008, la meilleure solution est d'observer à partir de 2005 les évolutions mesurées dans la partie française de l'enquête européenne annuelle *Statistics on income and living conditions* (EU-SILC) coordonnée par Eurostat, qui permet de suivre pas à pas les transformations économiques de 2005 à 2010[1]. Nous disposons d'autres informations sur les caractéristiques des individus et des ménages, comme le sexe, la présence d'un conjoint dans le ménage, le nombre d'enfants, le niveau d'éducation et le statut d'immigration, des informations qui permettront ultérieurement de faire la part entre le rôle de la cohorte, de façon intrinsèque, « toutes choses égales par ailleurs », pour utiliser la formule magique de l'économétrie, et celui de sa composition socio-démographique[2].

1. Nous disposons des résultats des SILC jusqu'en 2014, ce qui complète les données mais n'altère pas la teneur des tendances.

2. Le choix de suivre les informations des enquêtes SILC de 2005 à 2010 provient de ce que le diagnostic fourni par l'enquête BDM 2010 est problématique, le profil par âge se modifiant de façon erratique, alors que sa logique de 1978 à 2005 ne posait aucune difficulté particulière. Dès lors, une seconde référence peut être utilisée :

Classe d'âge/Source	BDM	SILC
25 à 29 ans	8,7 %	-2,7 %
30 à 39 ans	15,6 %	2,0 %
40 à 49 ans	10,6 %	1,6 %
50 à 59 ans	7,6 %	3,8 %
60 à 64 ans	14,8 %	12,9 %
Population tot.	11,3 %	5,1 %

Dans l'enquête SILC, la dynamique globale du revenu des ménages correspond à un gain moyen de 5 % en dix ans : soit un gain de 2 points pour les trentenaires et de près de 13 points pour les sexagénaires. Cette amélioration relative, rapide, du revenu des jeunes seniors est dans l'ordre des choses : d'une part, les premiers-nés du baby-boom font valoir des droits à retraite sur des carrières plus favorables et, d'autre part, en période de crise, il est préférable de disposer de revenus sociaux fixes indexés sur les prix, qui ne baissent pas officiellement, que sur un travail dont le salaire et les primes deviennent aléatoires. Cette dynamique de mieux-être des seniors se retrouve de façon semblable en Italie, en Espagne et en Grèce, autant de pays dont les efforts d'ajustement ont jusqu'à présent ignoré l'enrichissement générationnel tendanciel – au moins jusqu'à la cohorte née en 1955 – des anciens salariés qui avaient bénéficié naguère de la croissance rapide, ce que Pieter Vanhuysse appelle un biais en faveur de la population âgée [1] particulièrement puissant dans les pays du sud de l'Europe, ensemble de pays auxquels la France vient s'agréger [2].

Une première analyse, descriptive, montre les transformations du niveau de vie moyen par âge au long des 32 années disponibles ici (1978-2010). Il en résulte que, sans même prendre en compte les revenus implicites de la propriété, ni considérer les différences de diplômes, la comparaison est passée nettement à l'avantage des seniors. La progression des jeunes adultes est confinée à une dizaine de points en une génération. Un tel niveau de croissance,

Selon la comparaison, la source BDM offre des résultats fantasques sur la période 2005 à 2010 : en termes réels, la population générale se serait enrichie de 11 %, alors que cette période correspond à la crise, et le revenu des trentenaires se serait accru de 15.6 %.

1. Pieter Vanhuysse, « Intergenerational Justice and Public Policy in Europe », *European Social Observatory (OSE) Paper Series*, Opinion Paper nº 16, 27 mars 2014, <www.ose.be/files/publication/OSEPaperSeries/Vanhuysse_2014_OpinionPaper16_Intergenerational_justice.pdf>.

2. Bernhard Ebbinghaus, *Reforming Early Retirement in Europe, Japan and the USA*, Oxford, Oxford University Press, 2006.

GRAPHIQUE 3.1
Niveau de vie (revenu disponible net par unité de consommation) en euros constants 2014

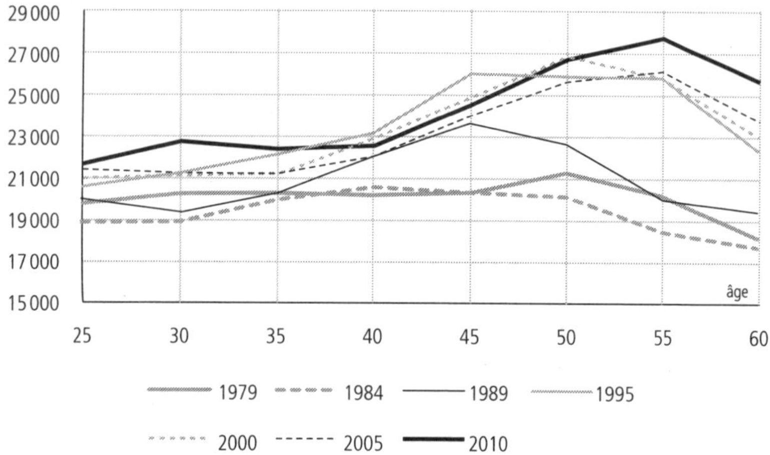

Source : calculs de l'auteur sur les données LIS 1979-2010, complétées par les SILC 2005-2010.

eu égard à l'incertitude sur la mesure de l'inflation et sur les évolutions des prix de l'immobilier, est dérisoire et mérite l'appellation de stagnation. En revanche, pour les sexagénaires, la progression de 44 % (soit de 18 à 26 kilo-euros par unité de consommation) est nettement plus signifiante. En 1978, les différentes classes d'âge disposaient d'un niveau de vie semblable, alors qu'en 2010, dans la compétition pour l'accès aux biens marchands (immobilier, alimentation, vacances, etc.), la situation des jeunes s'est dégradée, sauf à bénéficier de l'aide de leurs parents [1].

1. C'est l'argument d'Hippolyte d'Albis, selon qui, une fois considérée l'aide familiale, il n'existe plus de soucis dans la société française, en moyenne. C'est ignorer d'une part que les seniors aisés n'aident que leurs enfants, ceux justement pour qui cette aide est facultative, et que, d'autre part, les jeunes générations présentant maintenant un ratio consommation/revenu supérieur à celui des générations précédentes, elles sont incapables de présenter un taux d'épargne

En utilisant le modèle APCD, il est possible de montrer que, toutes choses égales par ailleurs, les cohortes nées autour de 1950 bénéficient en moyenne d'un niveau de vie + 10 % supérieur à la tendance de long terme portée par la moyenne de la population sur la fenêtre d'observation. Ils ont été particulièrement chanceux. Les cohortes nées autour de 1930 ou de 1980 se situent entre 5 et 10 % en dessous de la même tendance longue : ils ont reçu moins que ce qu'un partage linéaire de la croissance aurait supposé. L'amplitude des écarts nets, de près de 20 points de pourcentage, est du même ordre de grandeur que celui des inégalités salariales nettes entre hommes et femmes, lorsque le niveau d'éducation et le temps de travail sont contrôlés. Elle est aussi du même ordre de grandeur que l'écart entre immigrés et non-immigrés, voire au-delà, ce qui signifie que les jeunes générations sont, économiquement, comme des immigrés dans leur propre pays. Certains considèrent que ces écarts sont faibles au motif que le rapport entre le niveau de vie des cadres et des ouvriers est plus important ; inversement, celui entre professions intermédiaires et employés est aujourd'hui d'intensité similaire. Par conséquent, l'écart cohortal n'a rien de négligeable, sauf à affirmer que les inégalités entre femmes et hommes le sont aussi, tout comme celles entre immigrés et non-immigrés. L'existence de juniors riches et de seniors pauvres, de jeunes traders et de titulaires de petites retraites n'invalide pas la tendance cohortale détectée ici. Ces différences sont robustes puisque les différentes variantes réalisées convergent vers des résultats parfaitement semblables.

Un nouveau modèle, âge-période-cohorte-tendance (APCT)[1], a été inventé de façon à suivre, à effet d'âge constant et en tenant

---

élevé, alors que justement la situation future des retraites publiques supposerait que ces retraités de demain, ceux des années 2030, épargnent plus pour leurs vieux jours. La paupérisation en moyenne et l'intensification des inégalités sont la conséquence pour ainsi dire mécanique de la tendance.

1. Louis Chauvel et Martin Schröder, « The impact of cohort membership on disposable incomes in West Germany, France, and the United States », *European Sociological Review*, vol. 31, nº 3, 2015, p. 298-311.

compte des fluctuations des bonnes et des mauvaises années de la conjoncture économique, le mieux-être relatif des différentes cohortes de naissance. Grâce aux résultats de ce modèle, nous pouvons suivre la trajectoire de progression des générations successives : c'est ainsi que les premiers-nés du baby-boom ont bénéficié d'une progression de près de 40 % par rapport à leurs aînés nés vingt-cinq ans plus tôt, et ce sur la période 1978-2010, grâce à un rythme de croissance de 1,6 % par année de naissance. En revanche, pour les cohortes suivantes le rythme de croissance a été trois fois moindre, avec une stagnation presque intégrale pour les cohortes nées de 1955 à 1970 et une légère reprise de ce rythme ensuite.

Une comparaison internationale étendue à dix-sept pays[1] montre que le cas français est assez exceptionnel. Si la tendance générationnelle dont continuent de bénéficier jusqu'à présent les premiers baby-boomers s'était maintenue, le niveau de vie de ceux nés dans les années 1980 serait 30 % plus élevé. Un partage équitable de la croissance ralentie, sans à-coup générationnel, plus proche de 1 % par millésime de naissance, comme chez la plupart de nos voisins à l'exception des pays du sud de l'Europe, aurait considérablement modifié cette image typiquement française de seniors incarnant une société qui va de l'avant et de jeunes adultes dont le niveau de vie dépend de plus en plus étroitement des redistributions parentales. Cette culture de dépendance familiale est nouvelle en France où le modèle d'autonomie adulte par le revenu du travail industriel ou tertiaire avait marqué la modernité urbaine du XXe siècle.

La durabilité de cette singularité des premiers-nés du baby-boom est confirmée par un modèle supplémentaire, âge-période-cohorte-*hysteresis* (APCH)[2], qui mesure la permanence des

1. Louis Chauvel et Martin Schröder, « Generational inequalities and welfare regimes », *Social Forces*, vol. 92, n° 4, 2014, p. 1259-1283.

2. L. Chauvel, « Spécificité et permanence des effets de cohorte. Le modèle APCD appliqué aux inégalités de générations, France/États-Unis, 1985-2010 », art. cité.

GRAPHIQUE 3.2
Progression cohortale du niveau de vie selon le modèle APCT

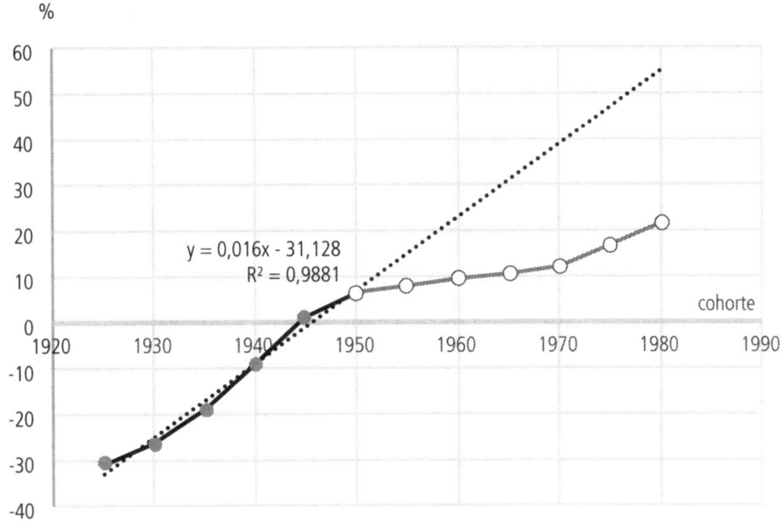

Source : Calculs de l'auteur sur les données LIS 1985-2005, complétées par les SILC 2005-2010, France.
Note : L'écart de 35 points entre la cohorte de 1925 et celle de 1950 mesure ce dont les membres de cette dernière ont bénéficié par rapport à leurs aînés, soit 1,6 point de croissance par an en 25 ans. La cohorte née en 1975 n'a bénéficié que de 10 points de croissance, soit près de 30 points en dessous de la tendance précédente.

fluctuations cohortales au long de la fenêtre d'observation : le coefficient qui mesure la réduction de l'effet de cohorte au cours du temps est non significativement différent de zéro, ce qui signifie qu'une fois formée la scarification générationnelle est permanente. Un élément supplémentaire doit être introduit ici. Les cohortes nées autour de 1980 – dont on mesure ici la déveine relative – ont malgré tout quelque ressource qui manque aux autres : elles sont nettement plus diplômées. Elles auraient donc dû s'enrichir. Leur ménage compte en moyenne moins d'unités de consommation au dénominateur de leur niveau de vie : les couples se forment plus tardivement, rompent plus souvent, ont relativement moins d'enfants. Si nous prenons en compte ces transformations, la stagnation des jeunes générations à diplôme et structure familiale semblables se fait déclin, et la fracture générationnelle s'amplifie encore puisque, par rapport à la tendance longue, l'amplitude de la fluctuation entre chanceux et malchanceux passe de 12 points sans contrôle à 16 points avec. Ce phénomène dissimule en réalité un changement dans le rendement des diplômes, ce que nous abordons au point suivant.

Ainsi, faire partie des premiers-nés du baby-boom (ceux nés autour des années 1948) est associé à un niveau de vie relatif – au même âge et compte tenu de la tendance linéaire de progression de long terme – supérieur de près de 20 % à celui des générations nées dans les années 1930 ou après 1970. Cet écart est durable et ne diminue pas avec le vieillissement. La lecture générationnelle permet de comprendre que les jeunes valorisés d'hier sont devenus les seniors favorisés d'aujourd'hui. Les vainqueurs, silencieux, de la crise de 2008 sont les jeunes retraités de 2010.

Le problème de rendement socio-économique des titres scolaires

Un aspect important de la fracture générationnelle affecte le progrès des qualifications et des positions sociales qui en résultent : l'adéquation du diplôme et des professions. Cette question est évidente à de nombreux observateurs des réalités sociales : le baccalauréat était encore dans les années 1970 le ticket d'entrée dans les classes moyennes intermédiaires, puisqu'il suffisait à devenir instituteur, et disposer de ce seul titre ne suffit plus aujourd'hui à échapper aux classes populaires qualifiées (voir le chapitre 2). Malgré l'évidence, ce diagnostic continue de faire l'objet de débats intéressants pour ce qu'ils révèlent de l'air du temps.

Pour certains, la question ne se pose même pas car il est impossible de penser le déclin de la valeur sociale des titres scolaires en termes de position salariale ou de catégorie socioprofessionnelle[1]. D'autres spécialistes de la question voient ce déclassement comme un effet secondaire un peu désagréable d'un bien nécessaire, l'expansion scolaire[2]. D'autres encore admettent le phénomène, reconnaissant qu'une politique de croissance scolaire doit aller de pair avec une politique de développement d'emplois qualifiés de qualité, ce qui ne peut se faire sans investissement[3]. Seule la comparaison internationale permet de saisir que la baisse massive de la position relative des nouvelles générations de diplômés trouve en France une illustration particulièrement saisissante, comme récemment confirmé[4].

Par-dessus tout, l'intensité des désillusions à l'égard des promesses du diplôme ne peut se mesurer qu'au travers du filtre générationnel, sans lequel le film disparaît dans une série de photographies instantanées dont on ne parvient pas à donner le sens chronologique. Pour détecter ces effets de déclin du rendement des titres scolaires, il faut disposer sur des décennies entières de données homogènes, nombreuses, correctement harmonisées. C'est là une gageure face à la tentation permanente de la statistique publique de rénover ses classifications, par exemple pour donner une visibilité à des phénomènes neufs que la grille ancienne n'avait pas envisagés. Le risque de ce redécoupage est de mettre en scène des transformations qui sont avant tout celles

1. On peut citer, par exemple, Éric Maurin, *La Nouvelle Question scolaire. Les bénéfices de la démocratisation*, Paris, Seuil-La République des idées, 2007.

2. Voir, par exemple, Philippe Lemistre, « Déclassement(s) : mythe ou réalité », *Actes des 11es Rencontres nationales des professionnels et des élus de la jeunesse*, 2012.

3. Luc Chatel et Jean-Pierre Chevènement, *Le Monde qu'on leur prépare. École, économie, État. Entretiens croisés dirigés par Nicolas Beytout*, Paris, Plon, 2011.

4. Louis-André Vallet, Camille Peugny et Milan Bouchet-Valat, « Inequality of educational returns in France. Changes in the effect of education and social background on occupational careers », *in* Fabrizio Bernardi et Gabriele Ballarino (dir.), *Education, Occupation and Social Origin : A Comparative Analysis of the Transmission of Socio-Economic Inequalities*, Cheltenham/Northampton, Edward Elgar Publishing, 2016, p. 20-33.

de l'enquête et non des réalités qu'elle est censée mettre en lumière. Dès lors, il faut faire la part des ruptures liées au changement de l'outil et des évolutions effectivement inscrites dans le long terme – c'est précisément ce que permet le modèle âge-période-cohorte-tendance APCT. Considérons par exemple, dans les enquêtes Emploi de l'Insee, de 1982 à 2012, les transformations des professions susceptibles d'être exercées avec un diplôme donné – comme le baccalauréat. Nous pouvons alors établir, comme au chapitre 2 (graphique 2.7), le déclin générationnel de la proportion de bacheliers accédant aux professions intermédiaires, pour montrer la généralisation d'un « déclassement scolaire », défini comme le décrochement de diplômés donnés d'une position sociale qui jusque-là avait correspondu à leur niveau de qualification reconnu.

Nous pouvons aller plus loin et repérer, diplôme par diplôme, les transformations générationnelles de la position relative obtenue, en termes de prestige associé de façon assez univoque aux professions exercées [1], en isolant cette tendance par cohorte de la carrière liée à l'effet de l'âge. Si les données brutes de cette analyse sont claires mais entachées de variations annuelles dues aux spécificités des séries des enquêtes Emploi, le modèle APCT délivre une information purifiée. En effet, il est « normal » que les jeunes bacheliers [2] de 25 ans soient encore en début de carrière et puissent encore espérer quelque promotion. Néanmoins, si cette attente demeure, elle finit par se faire illusion d'une progression future, puis désillusion d'une réalité durablement présente : les bacheliers

1. Cette méthode, initialement proposée dans L. Chauvel, *Le Destin des générations*, *op. cit.*, a été améliorée dans le cadre du mémoire de Camille Peugny, *Le Déclassement social. Expérience subjective et conséquences individuelles de la mobilité intergénérationnelle descendante*, mémoire de DEA de sociologie, sous la direction de L. Chauvel, IEP de Paris, 2003.

2. Ce que nous observons ici n'est pas dû à la multiplication des baccalauréats généraux, technologiques ou professionnels. Les travaux de L. A. Vallet et *al.*, « Inequality of educational returns in France », *loc. cit.*, montrent précisément que, pour le premier emploi, la filière générale a été la plus affectée par le déclin du rendement du diplôme.

nés dans les années 1980 occupent une position sociale située à peine au-dessus de celle de titulaires d'un BEPC nés au début des années 1950.

GRAPHIQUE 3.3
Effet de la cohorte de naissance sur le prestige selon le diplôme – résultat du modèle APCT

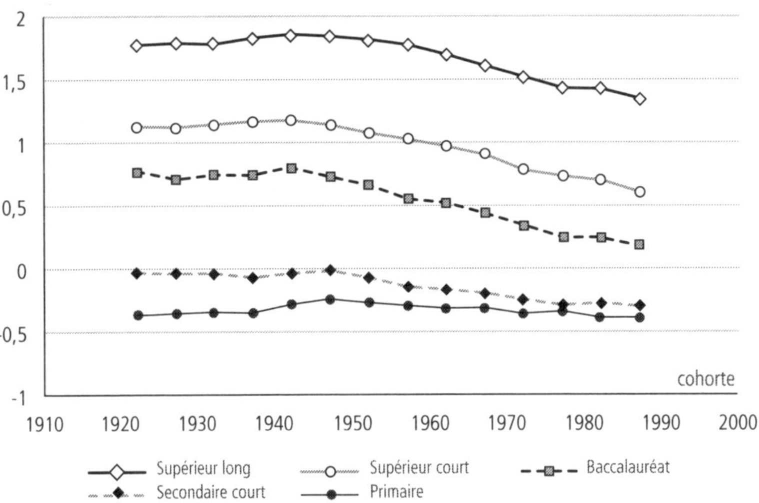

Source : Minnesota Population Center, Integrated Public Use Microdata Series, International : Version 6.1 [Machine-readable database], Minneapolis, University of Minnesota, 2016.
Note : Coefficients cohorte du modèle APCT « à la moyenne ». Les coefficients résultent de la modélisation du prestige moyen des professions en milieu de carrière pour chaque niveau de diplôme : seuls les sans-diplômes échappent à la dévalorisation.

Cette dynamique de déclassement scolaire n'est pas propre aux bacheliers, puisque tous les niveaux de diplômes analysés ici mettent en évidence le même fléchissement de la valeur des titres en termes de prestige des professions. Il faut un niveau plus élevé pour faire aussi bien que la génération précédente : le prestige de l'emploi du titulaire d'un diplôme supérieur long né en 1980 est comparable maintenant à celui d'un diplômé du DEUG de la génération de ses parents. En regard, toutes les générations nées avant 1950 avaient connu une grande stabilité de la position relative des diplômes. Cette situation est spécifique, pour ce que la comparaison internationale nous apprend, aux pays du sud de l'Europe. Les États-Unis et les autres pays où cette analyse peut être répliquée ne mettent pas en évidence un tel déclin, sous cette forme. Au Royaume-Uni, par exemple, la jeune génération mieux diplômée entre en concurrence avec les anciennes qui le sont moins et dont la carrière fléchit alors, rétablissant ainsi un équilibre intergénérationnel des valeurs des titres scolaires. En revanche, en France, la segmentation du marché du travail par groupes d'âges spécifiques produit une concurrence exacerbée entre jeunes diplômés qui, même avec des certifications très supérieures à celles de leurs aînés, se partagent des positions sociales raréfiées et doivent donc réduire leurs ambitions pour trouver leur place.

On saisit mieux le caractère panique en France de la course aux diplômes : de plus en plus nécessaire et de moins en moins suffisant, le titre scolaire est une clé qui n'ouvre plus les mêmes portes que naguère. La sélection finale dans les emplois les plus prestigieux s'opère alors, souvent, par une forme de loterie dissimulant quelques tricheries, ou de façon plus occulte par des ressources inavouables où la société de connaissance laisse la place à la société de connivence. Dans un monde idéal, vers lequel nous ne semblons pas nous diriger, ce diagnostic serait peut-être l'occasion de chercher les moyens de remédier aux maux que l'on déplore, en approfondissant et en renforçant notre vision de la méritocratie. En France, la méritocratie est, au mieux, l'adéquation de la position acquise et du dernier concours obtenu à l'âge de vingt ans et quelques. Dans une conception anglo-saxonne, qu'en l'espèce je préfère, c'est la combinaison du talent et de l'effort, que l'on souhaite corrélée au diplôme mais qui reste incompatible avec la sauvegarde jalouse de positions de rente. Dès lors, si la période contemporaine d'abondance de diplômés était l'occasion d'améliorer la concordance entre des qualifications et compétences que certifient partiellement les diplômes et des emplois en testant *in situ* la vocation spécifique des candidats à ces postes – pour les reconvertir si leur talent intrinsèque se trouve ailleurs –, nous pourrions progresser. Mais le contraire s'observe assez généralement.

Il convient ici d'opposer un démenti ferme aux intentions que certains me prêtent, croyant lire ici un plaidoyer pour je ne sais quel retour malthusien[1] à la répartition sélective des diplômes comme au bon temps d'Émile Durkheim – à « l'époque où le certificat d'étude, c'était quelque chose », pour pousser la caricature. Je me contente de répéter qu'une multiplication indéfinie des diplômes sans planification au long terme et sans réflexion sur l'employabilité des diplômés est une impasse dont nous voyons ici une partie des conséquences. Une bonne politique consiste en une expansion scolaire graduelle et de long terme, articulée à un travail sur la transition vers l'emploi de qualité. Une mauvaise politique est celle d'une accélération de la diffusion des diplômes sans réflexion, sans soutien à la transition des nouvelles générations vers le monde du travail, pour susciter une massive inflation scolaire et pour carboniser ainsi une ressource de croissance des diplômés qui aurait pu être réalisée dans de meilleures conditions. On ne pourra pas, de nouveau, amener 80 % d'une classe d'âge au niveau du baccalauréat, puisque c'est déjà fait. C'est acquis, avec le succès que l'on sait. En revanche, l'Allemagne peut encore le faire, peut-être dans de meilleures conditions de transition, car cet objectif est encore devant elle. Nous pouvons décider d'amener 80 % de la classe d'âge au niveau master, mais, une fois encore, poursuivre le seul objectif quantitatif serait vendre la « démographisation » (le mot est d'Antoine Prost) sous le nom de démocratisation.

Si la croissance universitaire consiste en l'accélération de la capacité d'accueil d'universités appauvries, sans bibliothèques décentes, sans accès aux apprentissages propres aux institutions développant une recherche de qualité, hors de l'émulation intrinsèque à la culture universitaire internationale de découverte de solutions aux problèmes, et ainsi de suite, nous voyons une impasse. Celle d'une génération dépositaire de titres universitaires

1. Philippe Lemistre, « Diplômes et emplois occupés par les jeunes : une correspondance à revoir ? », Note Lirhe 438 (07-1), 2007, <halshs-00131770>.

sidéraux, mais dont la contrepartie en termes d'emplois réels est destinée à demeurer virtuelle. Puisque cette réalité-là est choquante et insupportable, il s'agit alors de faire croire en une vérité derrière l'évidence d'une illusion. Chacun finit par se satisfaire de ce qui est, pour le conserver à toute force, en se fondant sur tout un ensemble de bonnes raisons : pour défendre les postes des collègues, pour accroître sans mesure le nombre des étudiants inscrits qui, de toutes les façons, seraient sinon des chômeurs, pour les inciter à le demeurer en promouvant leurs droits sociaux à la santé et au logement, et pourquoi pas un salaire étudiant. Et puis nos étudiants en tireront toujours quelque chose : même si les diplômes ne valent plus ce que la génération des parents en aurait escompté, il vaut toujours mieux avoir quelque chose plutôt que rien. Il en résulte une absence de réflexion sur le système dans son ensemble, dont découle un coût social caché, assumé dans une grande mesure par les jeunes adultes diplômés ou non, à la recherche d'un emploi, d'un statut, sur quoi construire leur vie, un chemin semé d'embuches, qui n'intéresse en réalité personne dans les allées du pouvoir : les jeunes chômeurs ou travailleurs ne sont simplement pas structurés politiquement. Les nouveaux Raskolnikov, Netchaïev et Stavroguine, tous les personnages désespérés du roman et des réalités russes, ont donc de l'avenir ici même.

La mobilité descendante

Un autre aspect préoccupant des difficultés sociales des nouvelles générations relève de la mobilité sociale d'une génération à l'autre. Pour ceux qui se soucient du devenir de leur entourage, ce fait est évident : il est difficile de se maintenir au niveau socio-économique de ses parents, et suivre la pente descendante est une tendance banale sinon générale. Cette idée est néanmoins vigoureusement combattue par quelques collègues [1], de façon péremptoire.

1. Goux et Maurin affirment ainsi que : « Si néanmoins ces discours tournent à vide, c'est que le "déclassement" des classes moyennes reste à bien des égards une

D'abord, à un niveau général, le déclassement intergénérationnel relève avant tout de la simple mécanique des fluides : dans l'état de la société pré-Trente Glorieuses, dans les années 1930 par exemple, il n'existait pas encore de classe moyenne salariée de haute densité, alors qu'au contraire la structure des années 1970 est fondée sur la constitution d'un tel noyau de la société postindustrielle. La mobilité ascendante massive, dite structurelle, a caractérisé le groupe social et la génération qui ont connu l'extension maximale de la moyennisation : pour les jeunes diplômés des années 1970, se situer dans une position sociale inférieure à celle de leurs parents était peu banal, et disposer d'un niveau de vie moindre à peu près impossible – sauf parfois pour les enfants de la haute bourgeoisie. Ensuite, lorsque les transformations de la structure sociale se ralentissent, les jeunes connaissent des positions relativement moins favorables, d'autant que la génération des parents est maintenant celle de la moyennisation. Lorsque les parents sont au sommet, la perspective de la stagnation n'est pas la pire. Les premières générations du baby-boom ont bénéficié en quelque sorte d'une situation favorable à un point inédit. Ces courants ascendants ayant connu un emballement dans les années 1970, dans le contexte des investissements massifs de l'époque, puis l'inversion des années 1980 dont nous parlons ici, la résultante en termes de différence de prestige moyen des positions occupées par les enfants par rapport à celles de leurs parents correspond simplement à ce retournement. Pour les cohortes des années 1980, la stagnation est une réalité

fiction. Depuis les années 1980 et l'installation de notre pays dans une croissance économique lente, les membres des catégories intermédiaires n'ont guère reculé par rapport aux autres groupes sociaux dans les hiérarchies de salaires ou de patrimoines, pas plus que n'a augmenté, en leur sein, la proportion de personnes qui sont sur une trajectoire sociale descendante par rapport à leurs parents. Le prestige social de leurs professions reste aussi très fort, notamment pour la fonction publique » (D. Goux et É. Maurin, *Les Nouvelles Classes moyennes*, *op. cit.*, p. 13) ; « Enfin, et nous l'avons déjà souligné, ces diverses formes de déclassement n'ont rien de nouveau, elles ont toujours existé et ne sont pas spécialement intenses aujourd'hui » (http://ses.ens-lyon.fr/ses/fichiers/entretien-d-goux-ses-ens_1351515085621.pdf).

moyenne alors que, dans celles des années 1940, le prestige social s'est considérablement amélioré d'une génération à l'autre, et que, au contraire, pour ceux nés dans les années 1920, les perspectives étaient nettement plus défavorables.

GRAPHIQUE 3.4

Effet de la cohorte de naissance sur le score de mobilité ascendante du père aux enfants – résultat du modèle APCT sans contrôle par le diplôme et l'origine sociale

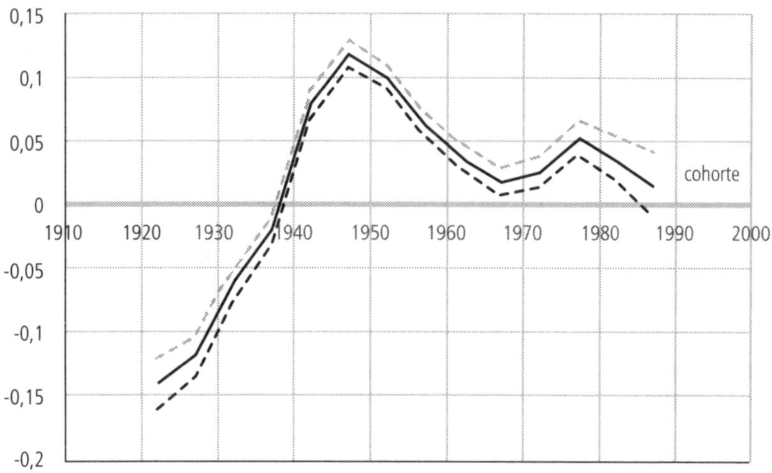

Source : Microdonnées Enquêtes Emploi de l'Insee, de 1982 à 2012.
Note : La courbe (présentée avec son intervalle de confiance à 95 %) présente par cohorte de naissance la variation de score de prestige associé à la profession exercée. Coefficients cohorte du modèle APCT « à la moyenne ». Les coefficients résultent de la modélisation de l'intensité moyenne des mobilités intergénérationnelles en milieu de carrière. Les cohortes nées à la fin des années 1940 ont connu une accélération considérable des chances de mobilité ascendante ; les suivantes ont eu moins de chance.

Ce constat se situe à un échelon descriptif : sans tenir compte de la catégorie sociale des parents ou du diplôme. Si maintenant nous contrôlons les mêmes résultats par l'origine sociale et par le titre scolaire détenu, la situation devient très claire : sauf à acquérir un niveau de diplôme nettement plus élevé que celui des parents, les nouvelles générations ont toutes les chances de déchoir sur l'échelle sociale. C'est à cet égard dès la cohorte 1950 que l'inversion de la tendance se produit.

GRAPHIQUE 3.5

Effet de la cohorte de naissance sur le score de mobilité ascendante du père aux enfants – résultat du modèle APCT; effet net avec contrôle par le diplôme et la position sociale des parents

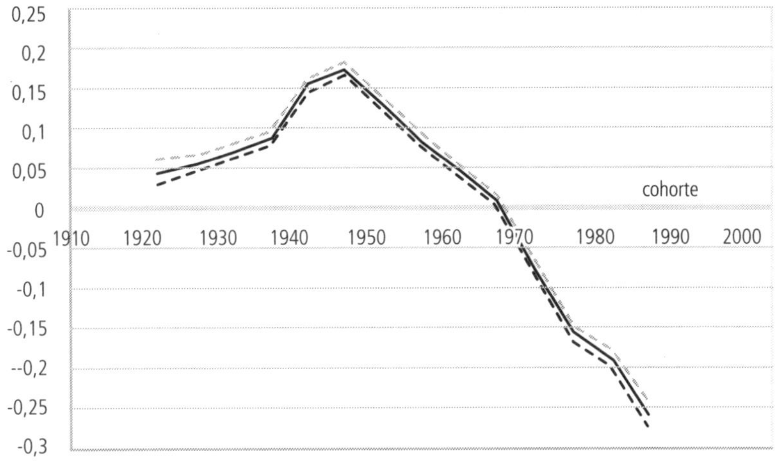

Source: Microdonnées Enquêtes Emploi de l'Insee, de 1982 à 2012.
Note: La courbe (présentée avec son intervalle de confiance à 95 %) présente par cohorte de naissance la variation de score de prestige associé à la profession exercée. Coefficients cohorte du modèle APCT « à la moyenne ». Les coefficients résultent de la modélisation de l'intensité moyenne des mobilités intergénérationnelles en milieu de carrière. Après contrôle par les origines sociales et le diplôme obtenu, les chances de mobilité sociale ascendantes des cohortes récentes déclinent nettement. Les cohortes nées à la fin des années 1940 ont bénéficié d'occasions historiquement exceptionnelles de mobilité ascendante.

Ainsi, la différence entre les deux approches fait apparaître la spécificité des générations nées dans les années 1970 : sans l'accélération formidable des niveaux de diplômes dont ils ont bénéficié, leur sort aurait été marqué par un déclin absolu. Ceux qui, parmi eux, n'ont pas réussi à progresser par rapport au diplôme de leurs parents ont connu une aspiration vers le bas. La difficulté pour les toutes nouvelles générations est la suivante : puisqu'il est dorénavant impossible d'accélérer de nouveau le rythme de progression des diplômés, les cohortes suivantes pourraient rencontrer de vrais soucis de déclassement social intergénérationnel. Le phénomène de déclassement est spécialement intense aujourd'hui, en particulier pour les générations d'adultes les plus récentes.

Le déclassement résidentiel

Les difficultés de logement sont un autre aspect, presque mécanique, du phénomène de repatrimonialisation : si les classes moyennes salariées disposent certes de revenus relativement confortables, en l'absence d'un patrimoine familial de (grands-) parents nettement plus aisés, les prix de l'immobilier dans les zones d'habitation relativement désirables leur sont devenus strictement inaccessibles.

La stratégie proposée ici consiste à prendre en considération les données des recensements français de 1999 et 2011 pour sélectionner en premier lieu l'Île-de-France, où les problèmes sont pires qu'ailleurs. La difficulté est que, sauf à se lancer dans de longues démarches de commande de fichiers spécifiques, soit on dispose de données détaillées sur les individus au détriment de la précision géographique, soit au contraire on s'attache à la finesse territoriale au prix d'un moindre détail de la catégorisation sociale – sans compter la question de l'harmonisation dans le temps de ces bases. Le choix est ici celui de la simplicité : à l'aide du code géographique standardisé « canton-ville », nous disposons de 287 fragments géographiques d'Île-de-France comptant un peu plus de 25 000 habitants en moyenne. Nous disposons par ailleurs de la catégorie socioprofessionnelle à un chiffre – un instrument simple mais efficace de mesure de la position sur la hiérarchie sociale : l'empilement des cadres, professions intermédiaires, employés et ouvriers est suffisamment clair pour saisir la verticale du pouvoir socio-économique. Nous excluons de notre démarche tous les autres groupes – indépendants, chômeurs, retraités, etc., et nous nous centrons sur les personnes de 25 à 59 ans. Les résultats présentés ici excluent

Paris intramuros du décompte, mais les différentes variantes convergent sur les mêmes résultats : la suppression du cœur de l'Île-de-France permet simplement de mieux saisir encore les dynamiques à l'œuvre.

Sans aucun doute, la banlieue est un espace clairement hiérarchisé : de Neuilly(-sur-Seine) à la Courneuve, il n'est pas nécessaire d'être féru de géographie et d'anthropologie pour saisir les écarts. En même temps, cet espace est fractal : le Vésinet compte des rues moins prestigieuses et le canton qu'il domine inclut la commune de Montesson, située à un niveau inférieur ; ainsi dilué, le Vésinet s'intègre à la bonne classe moyenne et non pas à l'élite. Ce sont là les aléas du découpage géographique. La tentation est alors de passer du canton à des instruments plus fins, tels que le « triris » (réunion d'IRIS – « îlots regroupés pour l'information statistique » – afin d'en préserver l'anonymat), pour finalement s'intéresser à des espaces comptant juste quelques centaines d'habitants [1]. Ici, le parti pris est plutôt de montrer les structures les plus générales dans leur plus banale brutalité, d'où le choix de découpages sociaux et territoriaux simplifiés, amplement suffisants pour la démonstration.

Des frontières entre les catégories socioprofessionnelles à un chiffre résulte donc un axe de la verticale du pouvoir socio-économique du territoire commun aux recensements de 1999 et de 2011. Autrement dit, il est aisé de construire un score de prestige résidentiel continu allant de la commune la plus exclusive jusqu'à la plus socialement en difficulté en termes de rapport entre cadres et ouvriers. Cet axe résulte d'une analyse factorielle fondée sur le croisement entre territoires et catégories sociales de salariés. Les

1. Voir, par exemple, Edmond Préteceille, « Segregation, social mix and public policies in Paris », *in* Thomas Maloutas et Kuniko Fujita (dir.), *Residential Segregation around the World. Making Sense of Contextual Diversity*, Farnham, Ashgate, 2012, p. 153-176 ; mais aussi Alberta Andreotti, Patrick Le Gales et Francisco Javier Moreno Fuentes, « Transnational mobility and rootedness : the upper middle classes in European cities », *Global Networks*, nº 13, 2013, p. 41-59, et Mike Savage *et al.*, *Social class in the 21st Century : A Pelican Introduction*, Londres, Penguin, 2015.

résultats sont ici assez univoques, même si, dans les détails, la note attribuée à chaque parcelle de territoire dépend dans une certaine mesure de territoires limitrophes qui, s'y agrégeant, peuvent modifier le rang final, comme dans le cas du Vésinet. Il s'agit ensuite de mesurer les déplacements des catégories sociales par classe d'âge sur cette échelle entre le recensement de 1999, où la situation était déjà difficile, à celle de 2011 où elle devient impossible, en raison de la multiplication par deux de l'indice des prix des logements.

TABLEAU 3.1
Exemple de canton-villes hiérarchisés selon les catégories sociales salariées de leurs résidents en sous-groupes hiérarchisés

Groupe 1 : Élite et classe moyenne supérieure Neuilly-sur-Seine, Saint-Cloud, Viroflay, Bourg-la-Reine, Chaville, Gif-sur-Yvette, Jouy-en-Josas, Orsay, Sceaux, Verrières-le-Buisson, Villepreux, Boulogne-Billancourt, Le Vésinet, Levallois-Perret, Maisons-Laffitte, Orgeval, Saint-Mandé, Vincennes, Antony, Courbevoie, Issy-les-Moulineaux, Rueil-Malmaison, Versailles.
Groupe 2 : Classe moyenne Asnières-sur-Seine, Clamart, Maisons-Alfort, Montigny-le-Bretonneux, Saint-Maur-des-Fossés, Élancourt, Cergy, Clichy, Colombes, Créteil, Fontenay-sous-Bois, Montreuil, Nanterre, Noisy-le-Grand, Plaisir, Champigny-sur-Marne, Ivry-sur-Seine, Vitry-sur-Seine.
Groupe 3 : Classe populaire Argenteuil, Aulnay-sous-Bois, Saint-Denis, Bobigny, Drancy, Le Blanc-Mesnil, Sevran, Villeneuve-Saint-Georges.
Groupe 4 : Exclusion Aubervilliers, Pierrefitte-sur-Seine, Stains, Trappes, Garges-lès-Gonesse, Grigny, Valenton, La Courneuve.

Note : Sur les 287 canton-villes ne sont retenus ici que la cinquantaine dont la population est la plus large. Le nom canton-ville correspond à la commune démographiquement la plus large.

Comme nous pouvions l'anticiper, dès que nous prenons en considération le critère générationnel, ici en considérant les différentes catégories d'âge adulte, l'apparente stabilité des résultats évoqués par Goux et Maurin[1] devient un profond remaniement de la position géographique des catégories sociales, notamment pour les professions intermédiaires. Dans ce groupe social emblématique des classes moyennes, chez les moins de trente-cinq ans, la baisse du score de prestige résidentiel correspond à la moitié de la distance qui séparait encore en 1999 cette catégorie de celle des employés. Évidemment, les catégories populaires connaissent elles aussi un mouvement descendant sur l'échelle de prestige, ce qui contribue à maintenir les distances sociales des mêmes classes d'âge. Il reste que l'affirmation selon laquelle les classes moyennes seraient indemnes du mouvement déclinant est à l'évidence inexacte.

GRAPHIQUE 3.6
Score moyen de prestige du lieu de résidence par catégorie socioprofessionnelle et classe d'âge en 1999 et en 2011

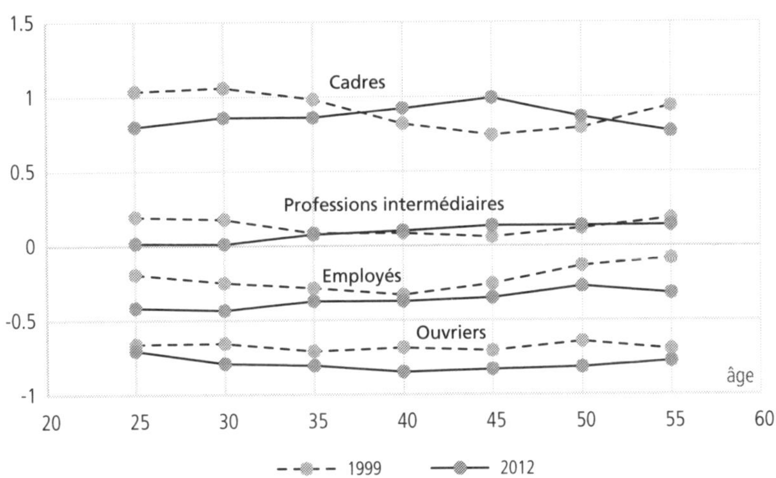

Note : Seuls les cadres de 45 ans de 2011 ont vu progresser leur prestige résidentiel ; les jeunes professions intermédiaires déclinent.
Source : Recensements Île-de-France 1999 et 2011 Insee.

1. D. Goux et É. Maurin, *Les Nouvelles Classes moyennes*, *op. cit.*

Nous pouvons compléter ce constat par un autre, encore plus évident. Si par classes d'âge nous suivons les variations du score de prestige des différents niveaux de diplômes, le déclassement découle simplement de cette réalité : la diffusion des diplômes allant de pair avec une situation géographique résidentielle pour l'essentiel bloquée, les jeunes adultes mieux diplômés doivent s'attendre à de fortes désillusions sociales s'ils croient en une correspondance stricte, invariable depuis la génération de leurs parents, entre diplôme et prestige résidentiel. Ainsi, en treize ans, les jeunes bacheliers nouveaux habitent en moyenne les mêmes territoires que ceux hier échus aux non-bacheliers. Les titulaires d'un diplôme du supérieur court sont déclassés à peu de chose près au niveau de prestige résidentiel des bacheliers de même âge treize ans plus tôt. Le déclin des jeunes diplômés du supérieur long est peut-être moins intense, mais l'hypothèse de la stabilité est là encore rejetée par ce que nous observons.

GRAPHIQUE 3.7

Score moyen de prestige du lieu de résidence par diplôme et classe d'âge en 1999 et en 2011

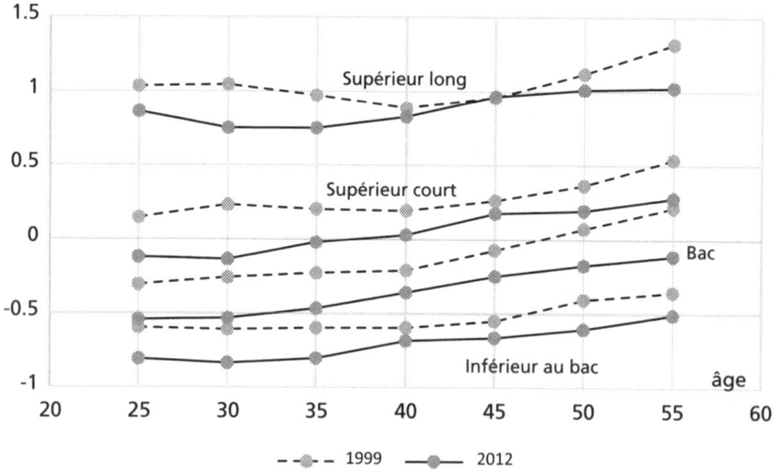

Note : Seuls les diplômés du supérieur long de 45 ans de 2011 se sont maintenus.
Source : Recensements Île-de-France 1999 et 2011 Insee.

Ces transformations en treize ans sont statistiquement significatives et socialement signifiantes, et les modélisations que nous pouvons réaliser montrent leur robustesse. Il est difficile de mesurer exactement les conséquences de longue durée de ces mutations du territoire où tout change en même temps : l'indice des prix immobiliers, le taux d'endettement des accédants, le taux d'effort des ménages en général, et des jeunes générations en particulier[1], mais il reste stupéfiant de constater que, alors même que la part du logement dans le budget des ménages a pris la première place[2], ce fardeau croissant s'est accompagné d'un éloignement des jeunes adultes des quartiers plus prestigieux, ce qui est apparemment paradoxal.

Évidemment, une partie de ce déclassement résidentiel correspond précisément à la règle du jeu du processus de « gentrification » où des classes sociales plus aisées conquièrent le territoire de populations plus modestes : choisir un quartier moins prestigieux permet éventuellement d'accroître les chances de plus-values par rapport à des quartiers plus prestigieux déjà au sommet de leur valeur – pour les connaisseurs de la verticale du pouvoir, un tel sommet n'existe pas. Il reste que cette stratégie ne semble pas être la plus efficace. C'est ce que suggère d'abord le fait que les cadres s'y risquent moins que les professions intermédiaires – qui ont moins le choix. Ensuite, en Île-de-France, l'indice des prix a plus rapidement progressé puis s'est le mieux maintenu dans les départements plus prestigieux et dans les quartiers centraux[3].

1. Laurent Fauvet, « Le poids du logement dans le budget des ménages : une approche générationnelle », in *Compte du logement. Résultats provisoires 2007 et premières estimations 2008*, Commissariat général au développement durable, 2009.

2. Fanny Bugeja-Bloch, *Logement, la spirale des inégalités. Une nouvelle dimension de la fracture sociale et générationnelle*, Paris, PUF, 2013.

3. La dynamique de gentrification va d'ailleurs de pair avec une dynamique inverse, dont l'analyse qualitative met en évidence les sentiments de chute sociale des classes moyennes d'hier : voir Marie Cartier, Isabelle Coutant, Olivier Masclet et Yasmine Siblot, *La France des « petits-moyens ». Enquête sur la banlieue pavillonnaire*, Paris, La Découverte, 2008.

Les périphéries lointaines, enclavées et populaires, précisément là où les jeunes adultes des catégories moyennes et modestes ont généralement acheté, ont le plus perdu. La stratégie plus conservatrice consistant à acheter là où les prix sont déjà exorbitants est la meilleure option dans un contexte où les riches se multiplient.

Ce phénomène est connu aux États-Unis : les populations les plus précaires tendent à acheter précisément les biens dont l'espérance de gain est la plus faible, ce qui rend compte notamment de la faible accumulation patrimoniale des minorités discriminées[1].

TABLEAU 3.2

Variation nominale du prix au m² des appartements anciens par département – dernier trimestre 2015 par rapport au dernier trimestre 2008

Paris	24 %
Hauts-de-Seine	13 %
Val-de-Marne	10 %
Seine-Saint-Denis	8 %
Yvelines	2 %
Val-d'Oise	-1 %
Essonne	-2 %
Seine-et-Marne	-2 %

Source : Base Biens, Indices Notaires – Insee.

Nous ne voyons donc pas de trace d'une mobilité ascendante généralisée, d'une dynamique d'*upgrading*, dont on espère un effet d'entraînement. C'est plutôt une forme déprimante de *trickle down*, d'effet de ruissellement naturellement vers le bas, en réalité un « effet de dégoulinure » qui évoque le camembert trop fait. Une fois encore, les tenants de la lucidité, conscients des dynamiques générationnelles, ne seront pas surpris.

1. Melvin L. Oliver et Thomas M. Shapiro, *Black Wealth/White Wealth : A New Perspective on Racial Inequality*, New York, Routledge, 1995.

L'aliénation politique des nouvelles générations

Le déclassement des nouvelles générations, dans ses différentes composantes, s'est déroulé dans une indifférence sidérale du politique. Les grands relais de la recherche et de l'opinion n'ont guère montré d'empressement à promouvoir les travaux sur cette question. Peut-être est-ce lié au fait que, au sommet du système de prise de décision politique, l'intérêt à rendre ces questions visibles n'est pas apparu primordial. À tout le moins, ces transformations se sont opérées dans un contexte d'absence des nouvelles générations du jeu politique institutionnel traditionnel – le seul à jouer un rôle direct dans l'élaboration de politiques publiques. Ce problème relève du déséquilibre de la représentation politique.

La génération socialisée dans le contexte idéologique spécifique de la fin des années 1960, favorable à une entrée précoce en politique, s'est installée peu à peu dans les plus hautes fonctions. Tel est le cas à l'Assemblée nationale, dont la transformation de la pyramide des âges est édifiante. Le calcul suivant repose sur les données de l'Assemblée six mois après les élections législatives, de façon à éviter les mouvements complexes liés à la composition des gouvernements. En 1981, le rapport des moins de 45 ans aux plus de 60 était de deux pour un. Pour la législature en cours, le rapport est de un pour deux au long d'une dynamique de parfaite inversion démographique.

Pour les sceptiques, il est évident que, si le corps électoral vieillit, rien n'est plus normal que d'assister à l'augmentation de la moyenne d'âge des élus : il serait souhaitable même que ceux-ci suivent la même orientation, de façon à représenter correctement la démographie. Si les baby-boomers trentenaires en 1981, puis sexagénaires en 2010, sont surreprésentés tout au long de leur vie, ce ne serait que pure justice puisqu'ils sont plus nombreux. C'est pourquoi il est important de prendre en compte non pas le nombre des députés, mais leur densité démographique, rapportée à la taille de la même classe d'âge chez les électeurs. Dans les années 1980, nous avions 2 députés pour 100 000 électeurs âgés de 30 à 70 ans, mais ce nombre diminue progressivement en raison de l'expansion démographique de la France.

GRAPHIQUE 3.8

Répartition de l'accès à l'Assemblée nationale par classe d'âge de 1981 à 2012 (densité pour 100 000)

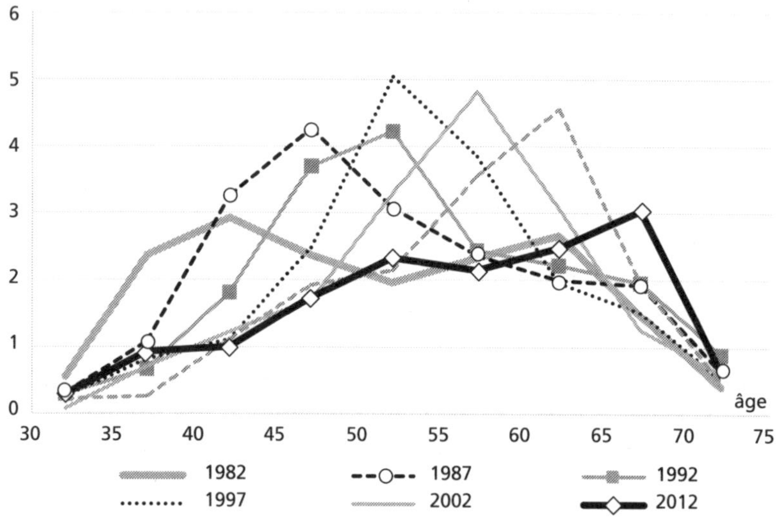

Source : Base Sycomore de l'Assemblée nationale <www.assemblee-nationale.fr/sycomore/>.

Au cours du temps, nous observons un extraordinaire vieillissement : les nouvelles générations sont durablement absentes du jeu politique institutionnel et, visiblement, leur retrait ne connaît pas de rattrapage. Ce fait va de pair avec une situation où les grandes orientations qui engagent le long terme sont prises sans la présence de ceux qui en assumeront les entières conséquences, notamment financières, comme les choix concernant les retraites, ou simplement la protection sociale, le logement, l'investissement, l'emploi des moins de 45 ans. Pire, le vieillissement actuel du corps politique, parallèle à celui de la recherche, de l'université, de la fonction publique en général, s'opère sans préparation du passage de relais, qui devra pourtant bien s'effectuer.

Il est certain que se profile à l'horizon le moment d'une transition sans transmission, avec d'autant plus de violence que rien n'a été fait pour l'anticiper. Dès lors, le projet social d'élargissement de la démocratie sociale, fondé sur l'extension de droits collectifs dans le cadre d'une participation démocratique de larges fractions de la population, semble bien connaître un reflux générationnel, peu visible pour la société française dans son ensemble, mais pleinement évident lorsque l'on s'intéresse à la façon dont les nouvelles générations sont socialisées pour préfigurer le monde de demain.

Là encore, l'analyse générationnelle montre qu'il s'agit non pas d'un effet d'âge mais d'un effet de socialisation générationnelle, puisque les pratiques politiques d'une génération ne changent guère une fois qu'elle est entrée dans la vie adulte[1]. L'Internet aurait pu offrir aux jeunes d'autres formes de mobilisation, mais la tendance lourde est celle d'une sélectivité croissante, adverse aux jeunes, de l'accès au politique, ainsi qu'au savoir-faire politique de gestion des questions d'avenir. Dorénavant, nous devons attendre un renouvellement au moins partiel, mais nous aurons aussi une population nouvelle, inédite, de jeunes septuagénaires retrouvant leur siège de député.

Stresseurs sociaux, traumatismes, scarification et suicide

Tout ce que nous mesurons ici confirme la théorie de la frustration relative et du caractère potentiellement létal des promesses non tenues. En matière de bien-être, l'âme humaine semble être moins réactive à des niveaux absolus qu'à des transformations relatives : pour nous qui avons connu l'abondance de la fin du XXe siècle, retourner aux années 1950 serait une expérience terriblement éprouvante – et heureusement impossible. En revanche, certains pays, dont l'Argentine est un exemple emblématique, qui

1. M. T. Grasso, *Generations, Political Participation and Social Change in Western Europe*, *op. cit.*

étaient au sommet de la puissance économique et se sont retrouvés rétrogradés au milieu du classement mondial après un siècle de complète stagnation, l'expérience du déclin est terrible : perte de contrôle organisationnel de l'État, frustrations généralisées, impossible cohésion sociale, dérive portant vers la révolution ou la guerre civile, régression démocratique et régime militaire porté au crime de masse, corruption systémique sont autant de conséquences collectives d'un écart croissant entre des aspirations au progrès et une réalité de pénurie. Nous en sommes loin, mais la pente pourrait nous y laisser glisser.

Ce type d'expérience pourrait s'appeler « facteur de stress social » (*social stressor*). S'il est violent, il peut être une source de traumatismes collectifs dont il s'agit de mesurer les conséquences. L'expérience du déclassement, en particulier lorsqu'il s'agit d'un phénomène social massif vécu par les individus non pas comme un problème collectif mais comme un échec personnel, peut avoir des conséquences réellement néfastes. De cette façon, en France, pour la génération née autour des années 1960, éduquée dans l'abondance et la croissance rapide, dotée d'un niveau de diplôme très supérieur à la génération de ses parents, socialisée dans la croyance en la possibilité de « champs de fraises pour toujours », l'expérience du chômage, du ralentissement inattendu des années 1975-1985, c'est-à-dire de la transition de la croissance rapide et permanente à la stagnation durable, le choc en retour de l'écart entre les aspirations et les possibilités sociales de réalisation peut être vu comme l'un de ces *social stressors*, tout particulièrement si un processus collectif de déni de la réalité sociale retire aux individus la possibilité de comprendre que leur échec n'est pas le signe d'une insuffisance personnelle mais un dysfonctionnement collectif. Les générations suivantes – sauf si la stagnation se transforme en véritable recul, ce qu'heureusement nous n'avons pas encore connu –, dans la mesure où elles sont maintenant prévenues de la nature collective des problèmes, pourraient être relativement moins affectées.

C'est ici que nous retrouvons la théorie de Robert Merton sur les effets problématiques d'un écart croissant entre les aspirations et les possibilités sociales de réalisation[1]. Cet écart est un stresseur social, un facteur de frustration, capable d'intensifier les tendances anomiques, repérables aux taux de suicide, d'auto-empoisonnement, d'usage de stupéfiants, de conduite automobile irresponsable – ce que l'on peut recouvrir sous le terme d'attitude suicidaire. Merton acceptait l'idée que le penchant au crime – une violence qui s'extériorise plutôt qu'elle n'est intériorisée – entretenait un rapport symétrique avec le suicide. Il admettait également les théories développées plus tard par James Davies et par Tedd Gurr[2] selon lesquelles les attitudes politiques révolutionnaires – ou simplement orientées contre le système – sont d'autres conséquences possibles de la frustration : plutôt que d'en finir soi-même, en finir avec les autres ou avec le système sont des solutions apparentes qui font partie de la palette des possibilités. Partir – du pays, c'est-à-dire mourir un peu – complète le clavier.

En généralisant la théorie de Merton, nous pouvons proposer une courbe qui rappelle le « folium de Descartes », où figurent en abscisse le niveau de développement économique (autrement dit les possibilités sociales) et en ordonnée le niveau des aspirations, qui est partiellement indépendant du premier[3].

Selon ce folium, au XXe siècle, dans un premier temps, celui des générations nées entre 1920 et 1950, les possibilités sociales de réalisation se sont toujours développées plus rapidement que les aspirations : l'accélération économique couvre les besoins

1. Robert K. Merton, « Structure sociale et anomie » (1949), in *Éléments de théorie et de méthode sociologique*, trad. Henri Mendras, Paris, Armand Colin, 1997, chap. 5.

2. James C. Davies, « Towards a theory of revolution », *American Sociological Review*, vol. 27, nº 1, 1962, p. 5-19 ; Tedd Robert Gurr, *Why Men Rebel*, Princeton, Princeton University Press, 1970.

3. Une croissance forte des diplômes peut accroître artificiellement le niveau d'aspiration d'une génération qui, ensuite, pourrait déchanter devant un marché du travail saturé. Dans le monde anglo-saxon, on appelle ce phénomène le *cooling down*. Ce processus est celui de la découverte des réalités et de leur relation avec les rêves, souvent un moment de désillusionnement, d'autant plus facile à vivre qu'il a été anticipé.

GRAPHIQUE 3.9
Le « folium de Descartes » de l'anomie, selon la cohorte

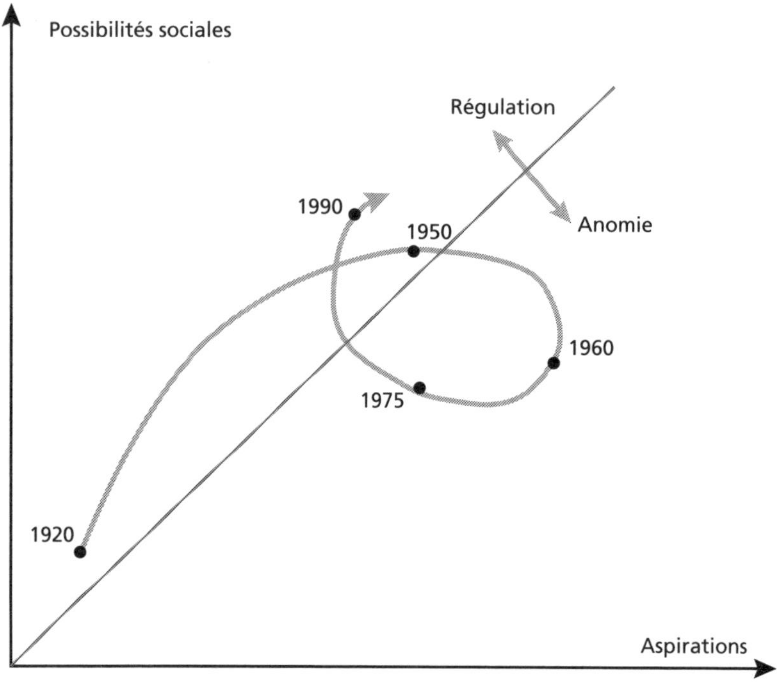

nouveaux, ce qui est loin d'être la norme historique de long terme, représentée par la diagonale du schéma. Cette parenthèse enchantée se referme pour les cohortes nées autour de 1960, pour qui les aspirations croissantes rencontrent des possibilités déclinantes. D'un côté, lorsque les possibilités dépassent les aspirations, la population a lieu d'être satisfaite ; de l'autre, lorsque le décalage est inverse, les frustrations promeuvent les tendances anomiques : en ce cas, le taux de suicide doit augmenter, et diminuer dans le cas inverse. Il devrait suivre un retour à la norme, vers la diagonale, avec la dynamique de *cooling down*, pour les générations nées après 1975, ce qui ne peut s'observer qu'en cas de baisse des aspirations.

Observons maintenant les variations des risques de suicide par cohorte de naissance[1]. Ceux-ci correspondent dans les grandes lignes à ce que le folium nous laisse supposer : une crise de croissance du suicide se développe pour les générations nées autour de la fin des années 1950 où le risque culmine.

GRAPHIQUE 3.10

Variations du taux de suicide masculin en France selon le modèle APCD, par cohorte de naissance

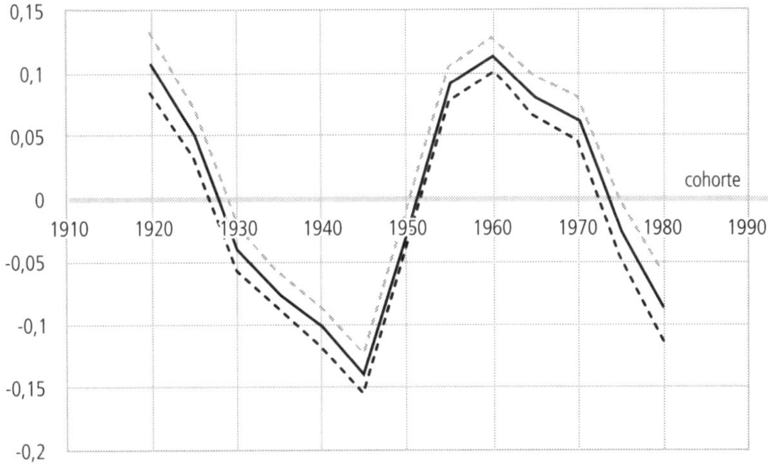

Source : World Health Organization, Mortality database, analysées dans Chauvel, Leist et Ponomarenko, à paraître.
Note : Le graphique représente le coefficient APCD par cohorte du logarithme du risque de mortalité par suicide. Il mesure l'écart à la tendance linéaire longue de chaque cohorte, et +.1 signifie un risque supérieur de 10 % à cette tendance. Le risque de suicide a bondi ainsi de près de 25 % entre la cohorte née en 1945 et celle née en 1955. Voir aussi L. Chauvel, « Spécificité et permanence des effets de cohorte », art. cité.

En comparant vingt-cinq pays, nous constatons que le cas français est un des plus typiques de fortes fluctuations générationnelles où les cohortes nées dans les années 1940 sont spécifiquement

1. Louis Chauvel, Anja Leist et Valentina Ponomarenko, « Testing persistence of cohort effects in the epidemiology of suicide : an age-period-cohort hysteresis model », *Plos One*, à paraître.

bien protégées contre le risque de suicide alors que celles de la fin du baby-boom sont singulièrement mal situées : un dénivelé de 25 % sépare les plus chanceuses nées autour de 1945 des plus mal loties, nées vers 1960. Ces dernières ont rencontré dans leur jeunesse une série de stresseurs sociaux problématiques : le chômage, la crise du logement, le sida, l'ambiance idéologiquement délétère des années 1980 où l'on solde les promesses des années 1968. Plus encore, cette série de mauvaises surprises se développe dans un contexte où les générations précédentes se sont correctement intégrées : ce choc en retour était inattendu dans son ampleur. Les générations nées à partir des années 1980 connaissent un sort moins néfaste, notamment parce qu'elles sont maintenant prévenues, et que les frustrations qui en résultent sont fortes, mais moins extrêmes. Cette bonne nouvelle est toutefois également le signe d'une accoutumance aux désillusions ou d'une forme de résignation, ce qui apparaît plus nettement, comme on le verra dans le prochain chapitre, à travers la démobilisation sociale et revendicatrice de ces mêmes générations, mais qui n'aura peut-être, là encore, qu'un temps.

Du déni au renoncement

Voilà vingt ans, en travaillant sur les singularités cohortales du suicide – les générations nées à partir de la fin des années 1950 connaissant alors une poussée suicidaire assez considérable –, en découvrant alors les premiers éléments des nouveaux partages générationnels cachés des ressources socio-économiques de la société française, je considérais comme peu probable le maintien sur deux décennies encore de ces déséquilibres. Je mettais en évidence les effets de scarification, mais la logique voulait qu'ils s'estompent rapidement. Il n'en a rien été : les fractures générationnelles françaises se sont très largement maintenues, sur deux décennies.

Un nombre indéterminé de collègues et assimilés – parmi lesquels de nombreux journalistes spécialisés dans le domaine des sciences sociales – se sont évertués depuis des années à nier, dénier, voire dénigrer l'indéniable pour accepter l'inacceptable : le fait de laisser à nos successeurs une situation sociale détériorée, alors qu'il était plus que temps d'agir dès la fin des années 1990, pour remonter la pente générationnelle. Cette fracture générationnelle est pour la soutenabilité de notre État-providence une vérité qui dérange, car elle signifie qu'une partie de nos contemporains pillent des ressources sociales qui ne se renouvelleront pas, et sapent ainsi l'avenir collectif des générations futures. Surtout, ce travail générationnel souligne que les difficultés ne s'éteignent pas avec leur cause : telle est la nature de l'*hysteresis*. Le mal perdure et ne finira qu'avec l'extinction de la population de ses victimes. À moins de changer le cours de cette histoire.

Dans ce contexte, plusieurs arguments ont tenté de mettre en cause l'idée de « générations sacrifiées » : les jeunes ne vont pas si mal, leurs parents les aident, ils se rattraperont plus tard, avec la croissance de très longue période le sort des seniors s'est toujours amélioré et donc le tour des jeunes viendra aussi, le souci est avant tout celui des moins diplômés alors que les autres s'en tirent parfaitement bien, entend-on régulièrement[1]. Trois champs

1. Ces arguments épuisent assez largement les critiques formulées par Denis Clerc, dans le texte intitulé « Les généralisations abusives de Louis Chauvel » (*L'Économie politique*, n° 33, 2007) qui avait pourtant analysé six ans plus tôt les inégalités salariales générationnelles (« Salaires : l'ascenseur en panne », *Alternatives économiques*, n° 194, 2001, p. 61) et même souligné le risque de déchirure du pacte générationnel (« Revenus : les retraités creusent l'écart », *Alternatives économiques*, n° 182, 2000, p. 213). Guillaume Allègre pose quant à lui que « l'approche générationnelle masque les inégalités au sein des générations. Les difficultés liées à l'entrée dans la vie active ne sont en effet pas partagées par l'ensemble des jeunes » (« La jeunesse, génération sacrifiée ? », *Note de l'OFCE*, n° 5, 2011, p. 4), passant ainsi sous silence la littérature sur la complémentarité des analyses en termes de classes et de générations (Louis Chauvel, « Classes et générations : l'insuffisance des hypothèses de la théorie de la fin des classes sociales », *Actuel Marx*, n° 26, 1999, p. 37-52). Pour Clerc, « certes, des jeunes ont été touchés. Douloureusement. Mais les jeunes peu qualifiés bien davantage que les jeunes diplômés » ; « certes, la primo-insertion professionnelle est beaucoup plus difficile qu'avant, même pour les jeunes diplômés. Mais cela se tasse

argumentaires peuvent être distingués parmi les critiques de l'analyse générationnelle, qui souligne au contraire le caractère structurel du phénomène :

1. L'argument de l'impermanence : l'effet serait transitoire et non pas durable dans la vie de la cohorte.

2. L'argument du progrès absolu sur le long terme : avec l'enrichissement séculaire, les jeunes générations progresseraient de toutes les façons, au moins en termes absolus (le problème ne serait que relatif, en regard de l'amélioration encore plus considérable dont bénéficient les seniors).

3. L'argument de l'hétérogénéité intracohorte : l'effet générationnel ne serait pas propre à la cohorte en général, mais aux strates les plus fragiles (origines sociales défavorisées, personnes peu diplômées) au sein de la cohorte.

La démonstration proposée ici est diamétralement opposée : les inégalités de générations en France ne se contentent pas d'être substantielles et, par comparaison avec d'autres pays, exceptionnelles ; elles sont aussi durables, correspondent à un problème plus que relatif, et touchent la majorité des nouvelles cohortes et non des minorités fragilisées et marginales.

Il se peut que la solidarité familiale à la française compense en partie ces écarts entre générations[1], à l'échelle des lignages, mais

---

avec le temps : à 30 ans, pour les diplômés, l'emploi est presque toujours durable [...], la carrière salariale commence, le rattrapage s'opère » (« Les généralisations abusives de Louis Chauvel », art. cité, p. 85-86). Ces auteurs n'étayent pas leurs propos sur un corpus empirique permettant d'asseoir la démonstration d'un écart croissant entre les diplômés et les autres ou celle d'un rattrapage.

1. On ne compte pas les publications qui font état de cette solidarité familiale pour tenter d'invalider l'idée de tensions entre les générations sociales (Sara Arber et Claudine Attias-Donfut (dir.), *The Myth of Intergenerational Conflict : The Family and State in an Ageing Society*, Londres, Routledge, 2000). Ce « mythe du conflit des générations » doit être bien effrayant pour toujours éviter d'en mesurer ainsi l'existence. En réalité, cette littérature familialiste peine à faire la différence entre transmission familiale des ressources économiques et transmission sociale d'un pacte intergénérationnel de progrès. La pacification apparente des relations familiales pourrait ainsi dissimuler l'incapacité à transmettre aux nouvelles générations les ressources sociales dont les seniors avaient bénéfi-

en creusant les écarts intragénérationnels entre les bénéficiaires et les autres. Si les inégalités de revenu en France sont moindres et plus stables que dans de nombreux pays voisins, le sort problématique réservé aux nouvelles générations ne représente pas simplement le sacrifice d'une catégorie sociodémographique (les jeunes), il est aussi un handicap d'avenir puisque, comme nous l'avons vu, l'effet de cicatrice étant permanent, les jeunes dévalorisés seront ensuite des adultes en difficulté, puis des retraités appauvris qui ne pourront soutenir à leur tour leurs enfants. Avec la dynamique générationnelle, la question est moins celle d'un groupe que de l'avenir de la société. Cette dynamique permet de comprendre comment des progrès moyens, tirés vers le haut par les seniors d'aujourd'hui, pourraient bien échapper à leurs successeurs, faute de transmission sociale intergénérationnelle. La compensation par la solidarité familiale n'est pas une solution durable aux problèmes d'emploi et de support de l'État-providence que subissent les nouvelles générations.

Ainsi, il semble que de nombreux observateurs de la société française ont sous-estimé les conséquences néfastes et durables de la nature du régime français de *welfare* qui, pour assurer la protection des travailleurs disposant d'une certaine ancienneté, pousse à reporter sur les jeunes (comme sur d'autres groupes fragiles), et peut-être à concentrer plus qu'ailleurs sur ces personnes, le coût de l'ajustement et de la crise : cette configuration pourrait avoir pour conséquence d'inscrire dans le long terme des jeunes générations faisant face à une crise, les conduisant à rater leur entrée dans la vie avec des séquelles irréversibles. Des difficultés qui auraient été ailleurs conjoncturelles deviennent en France permanentes et spécifiques à la cohorte. D'une certaine façon, ce qui relie jeunes, femmes et immigrés est le fait de représenter une concurrence menaçante pour les *insiders* déjà en emploi dans les années 1970, un avenir qu'il faudrait repousser. Chacun de ces groupes sociaux

---

cié au temps de leur propre jeunesse : plein emploi, progrès salarial, bas coût du logement, promesse tenue de droits sociaux étendus, extension du travail fier jusque dans les couches populaires.

doit payer de 15 à 20 % de son revenu en moyenne son ticket d'entrée dans la vie sociale.

Les écarts de niveau de vie ainsi mesurés sont significatifs, substantiels et durables : on l'a dit, le temps ne fait rien à l'affaire, une génération privilégiée à trente ans le reste. Telle a été jusqu'à présent la dynamique générationnelle en France. Les jeunes Français qui, voilà trente ans, ont rencontré le chômage de masse à la sortie de l'école ou de l'université ne se contentent pas d'avoir raté leur entrée dans la vie, ils en paient encore aujourd'hui les conséquences. Chaque cohorte qui a suivi a prolongé la pente dans le sens de la descente. La comparaison avec les États-Unis montre que la dynamique générationnelle française est particulièrement forte et durable, ce qu'une analyse du fonctionnement comparé des *welfare regimes* permet de saisir[1]. D'un point de vue interprétatif et pragmatique, en termes de politique sociale, ce travail souligne le handicap français dans ses possibilités d'intégration des jeunes et de progression du niveau de vie des adultes qu'ils seront. C'est ici que l'on saisit tout l'intérêt de l'analyse générationnelle en matière de sociologie des inégalités sociales et de la stratification. Il ne s'agit pas simplement d'un élargissement du répertoire des inégalités, mais surtout d'un outil particulièrement productif de l'analyse du changement social. Contrairement aux soupçons convenus selon lesquels l'analyse générationnelle voudrait remplacer les inégalités de classes par des inégalités entre jeunes et vieux, cet outil permet de mieux comprendre l'interaction entre temps des générations et dynamique des inégalités.

Au terme de ce diagnostic, les « écarts cohortaux » de niveau de vie mis en évidence permettent de parler sans imprudence d'inégalités de génération. Spécifiques et permanentes, ces inégalités sont susceptibles de distinguer non plus simplement des « cohortes de naissance », mais les contours de véritables « générations sociales » distinctes, porteuses de contextes générationnels contrastés, d'iden-

1. L. Chauvel, « Spécificité et permanence des effets de cohorte. Le modèle APCD appliqué aux inégalités de générations, France/États-Unis, 1985-2010 », art. cité.

tités, sinon d'intérêts opposés, de mobilisations peut-être et d'immobilisation sociale[1] concomitantes, et d'inégalités spécifiques qui ne se réduisent pas à des inégalités de classe mais leur sont bien complémentaires. Cette analyse des inégalités générationnelles est dérangeante pour une lecture simple des inégalités verticales de classes, car elle révèle aussi un temps et des inégalités plus obliques, en relation avec les cohortes et les générations sociales. Cette complexification dérange ceux qui aimeraient que les réalités soient simples. Il y aurait là le péril d'interprétations en termes de « domination générationnelle », voire d'« injustice entre générations », sinon d'« exploitation générationnelle ». Il serait dangereux de s'interroger sur l'existence de bénéficiaires systématiques de la dissymétrie générationnelle, capables de renforcer à leur avantage les positions acquises par une assise économique et politique renforcée, et par l'organisation du déni de cette réalité.

Pourtant, le fait social générationnel présenté ici en termes de niveau de vie n'est pas isolé. L'emploi[2], la mobilité sociale et le déclassement[3], la valeur des diplômes[4], le renouvellement du groupe social des enseignants[5], le logement[6], le patrimoine, les

1. Certaines cohortes semblent en effet bien peu mobilisées dans la défense de leurs intérêts, comme aliénées et sans conscience de faits sociaux dont elles sont pourtant les premières victimes, même si (ou parce que) la solidarité familiale est censée en atténuer les effets.

2. Malik Koubi, « Les trajectoires professionnelles : une analyse par cohorte », *Économie et statistique*, n° 369-370, 2003, p. 119-147.

3. Camille Peugny, *Le Déclassement*, Paris, Grasset, 2009.

4. Louis Chauvel, « Overeducation and social generations in France : welfare regimes and intercohort inequalities in returns to education », *in* Paul Attewell et Katherine S. Newman (dir.), *Growing Gaps : Educational Inequality around the World*, Oxford, Oxford University Press, 2010, p. 210-238.

5. Géraldine Farges, « Le statut social des enseignants français au prisme du renouvellement générationnel », *Revue européenne des sciences sociales*, vol. 49, n° 1, 2011, p. 157-178.

6. Fanny Bugeja, « Housing crisis, generational inequalities and welfare states », *in* Ian Rees Jones, Paul Higgs et David J. Ekerdt (dir.), *Consumption and Generational Change : The Rise of Consumer Lifestyles and the Transformation of Later Life*, New Brunswick, Transaction Publishers, 2009 ; Fanny

départs en vacances, la représentation politique ou le suicide[1], sont autant de domaines où, à l'évidence, il se passe quelque chose de générationnel, en France en particulier, où les premiers-nés du baby-boom ont bénéficié tout au long de leur vie d'un rythme de progrès qui s'étouffe pour leurs successeurs, sans rattrapage[2]. Passer du fait social de la stabilité de l'inégalité générationnelle à une interprétation en termes d'intentionnalité est périlleux, mais le fait social que les générations économiquement dominantes le sont aussi, politiquement, dans la représentation nationale en est un élément probant. Malgré ces périls, il reste que, après ce travail, ne pas reconnaître le fait social de l'inégalité générationnelle devient difficile.

L'enjeu final se situe bien au-delà d'un simple déni, qui empêcherait de débuter un véritable traitement de la question. S'il contribue à l'amplification de nos maux du simple fait de ne pas les exprimer, le déni laisse, sans transition aucune, la place à une politique du renoncement. « On le sait bien », « depuis toujours », « rien de neuf », « et alors ? », « cela fait des années qu'on le dit ». Cette attitude de banalisation des résultats de la fracture générationnelle s'accompagne le plus généralement de l'idée que l'effet cicatrice est résorbé : « C'est trop tard », « de toutes les façons, les victimes de la fracture seront bientôt à la retraite », et « les bénéficiaires de la croissance dans la tombe ». La bascule des illusions générationnelles suit la même pente, en passant du « regardez les diplômes : on a tout fait pour eux, quelle chance ils ont d'être aussi diplômés ! », à « qu'est-ce qu'ils croyaient ? Maintenant, le baccalauréat a la même valence que le certificat d'études primaires dans les années 1970 ». Nous avons ainsi formé des géné-

---

Bugeja-Bloch, *Logement, la spirale des inégalités. Une nouvelle dimension de la fracture sociale et générationnelle*, Paris, PUF, 2013.

1. L. Chauvel, *Le Destin des générations*, *op. cit.*

2. Le soutien de la famille ne suffit pas à contrecarrer ces transformations, mais y ajoute encore des inégalités. Voir Adrien Papuchon, « Les transferts familiaux vers les jeunes adultes en temps de crise : le charme discret de l'injustice distributive », *Revue française des affaires sociales*, vol. 1, n° 1-2, 2014, p. 120-143.

rations entières de jeunes gens perdus dans un monde sans repères où l'illusion du succès scolaire et universitaire prépare en réalité le processus de désillusion générationnelle, marqué par le constat d'un échec vécu le plus souvent sur un mode personnel, alors qu'il s'agit avant tout d'une spirale du déclassement systémique d'une société à la dérive. « La politique n'est pas l'art de résoudre les problèmes, mais de faire taire ceux qui les posent », disait Henri Queuille.

Chapitre 4
La menace du déclassement global

> « J'aime la belle vie qu'accompagnent de sombres pensées. Je suis terriblement fatigué, et la lente dégradation de mon organisme m'entraîne vers la mort, comme les barques de pêcheurs qui naviguent lentement sur les eaux lumineuses vers le néant. »
>
> Imre Kertész,
> *Sauvegarde. Journal 2001-2003*
> (trad. Natalia Zaremba-Huzsvai
> et Charles Zaremba, Actes Sud, 2012).

Le premier chapitre a permis d'établir les conséquences souvent invisibles, occultes en quelque sorte, de la « repatrimonialisation » qui, en France, affecte la forme d'un déferlement du patrimoine sur un pays qui avait vécu plusieurs décennies sous le régime d'une société de classe moyenne salariée. Le deuxième chapitre a généralisé la lecture de la déstabilisation des classes moyennes pour en souligner les aspects objectifs. Dans le troisième chapitre, nous avons vu comment le prisme des générations permet de révéler le spectre des difficultés de la société française, qui sont en quelque sorte exacerbées dès lors que nous prenons en compte le métabolisme générationnel de la société française. Les générations enrichies, égales, bien portantes, solidaires, politiquement actives, sont remplacées année après année par de nouvelles générations au passé et au parcours de plus en plus problématiques, des cohortes de jeunes dont beaucoup, quoique dépourvus d'expérience véritable, sont déjà des accidentés de la vie.

L'objet de ce quatrième chapitre est de souligner une autre dimension des problèmes de la société française au XXIe siècle, qui relève d'une menace croissante de déclassement systémique dans l'ordre de la mondialisation : le grand déclassement. Certains y verront pour l'essentiel une peur irrationnelle puisque, du point de vue du coefficient de Gini et du niveau de vie réel, ce qui frappe avant tout en France, c'est la stabilité. Le fait qu'il ne se passe pas grand-chose pourrait être vu comme un non-événement ; plus précisément, il n'en est rien car, dans un monde qui avance très vite, cette stabilité est un message inquiétant. En considérant de plus près la situation, le mouvement que nous pouvions craindre, celui d'une perte de vitesse dans un monde accéléré, a bien débuté. Il peut être endigué, peut-être, mais il n'a rien d'un phantasme.

Ces transformations globales signifient que le système de classes sociales dont nous héritons – la désagrégation longue de l'empilement des classes de la période industrielle – pourrait connaître de fortes recompositions. En effet, s'il est certain que la dynamique des trois dernières décennies a été celle de l'effacement des classes sociales en un sens marxiste du terme, le problème rémanent est la confrontation à ce paradoxe : pourquoi observe-t-on toujours de fortes inégalités structurées alors que les classes sociales s'effacent ?

Alors que les tensions objectives verticales seront à l'avenir de plus en plus explicites, ce que nous connaissons des supports d'identité collective ne semble pas destiné à se reconstituer. Autrement dit, il faut s'attendre à un écart croissant entre la réalité des inégalités et la capacité de l'organisation sociale à lui donner forme dans un cadre politique, identitaire, de mobilisation collective. Ce décalage entre la phase objective et celle des représentations politiques est l'ingrédient central de la spirale du déclassement systémique.

Le début du grand déclassement

Ce travail est ici fondé sur les analyses les plus récentes de la dynamique des inégalités mondiales de revenu[1]. Dans leur important article sur la répartition globale du niveau de vie, Christoph Lakner et Branko Milanovic, économistes à la Banque mondiale et à City University of New York, mettent en évidence que les inégalités mondiales ont eu tendance à décroître du point de vue de l'indice de Gini, un indicateur utile, mais assez globalisant, qui dissimule en réalité de profondes recompositions. Depuis vingt ans, la médiane mondiale s'est considérablement enrichie – pour simplifier, ce sont les « Brics » (Brésil, Russie, Inde, Chine et Afrique du Sud), et en particulier la Chine, qui quittent leur statut de pays en développement pour devenir l'alternative au premier monde. Il en résulte une moindre inégalité avec les pays d'Europe occidentale, le Japon et les États-Unis. En revanche, les centiles les plus bas, en particulier les pays africains les plus en difficulté, n'ont pas suivi le mouvement. L'inégalité se creuse par le bas, se réduit au-dessus de la médiane, et s'accroît à sa cime la plus élevée, les quelques pour-cent situés en haut de la répartition mondiale ayant connu une très bonne croissance. En moyenne, les classes moyennes supérieures et les élites économiques des pays développés ont trouvé dans la globalisation un terrain de jeu stimulant.

L'intérêt de notre base de données[2] est qu'elle permet de remonter à un passé plus lointain que le travail de Lakner et

1. Depuis le précédent ouvrage en français de François Bourguignon, *La Mondialisation de l'inégalité*, Paris, Seuil, 2012, nous connaissons mieux la dynamique des vingt dernières années au travers de Christoph Lakner et Branko Milanovic, « Global income distribution : From the fall of the Berlin Wall to the Great Recession », *World Bank Economic Review*, 2015, <https://www.gc.cuny.edu/CUNY_GC/media/LISCenter/brankoData/wber_final.pdf>.

2. Nous proposons ici un travail parallèle à celui de la Banque mondiale, mais qui permet de remonter plus loin dans le temps, jusque dans les années 1970, au moins. La base de données est ici fondée sur une autre source dite SWIID, dont l'avantage est la systématicité et la profondeur temporelle. Voir Frederick Solt,

Milanovic : en débutant le film de la croissance mondiale jusque dans les années 1960, on montre que la dynamique des Trente Glorieuses a bien été celle d'un décollage des pays occidentaux et du Japon et de leur éloignement des réalités vécues ailleurs : c'est là que culmine l'écart entre le premier monde et les autres. Alors, l'ouvrier de l'abondance industrielle capitaliste se situait économiquement, en termes de pouvoir d'achat, au-dessus des

GRAPHIQUE 4.1

Courbes d'incidence de la croissance des années 1980-1984 à 2005-2009 par centile du revenu global (en %)

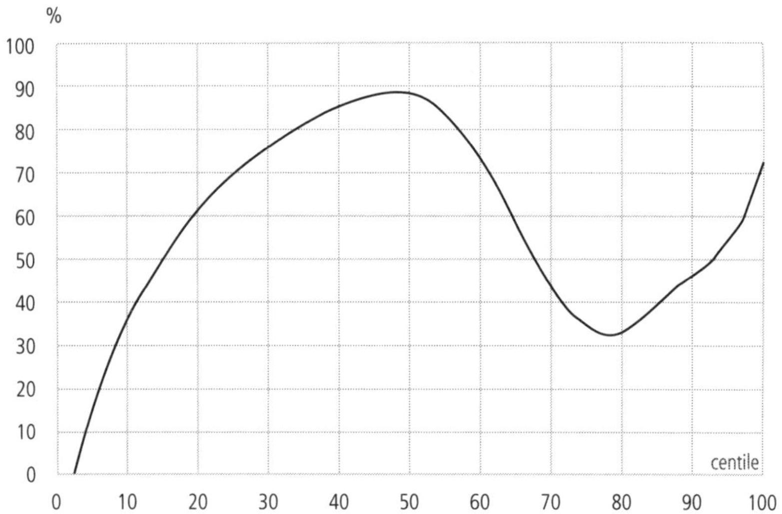

Note : Sur la période, les revenus proches de la médiane mondiale ont crû en moyenne de 90 % contre seulement 30 % pour les revenus situés autour du cinquième supérieur (centile 80), typiquement le niveau des classes populaires et moyennes européennes.
Source : Association PWT et SWIID.

« The Standardized World Income Inequality Database », Working paper SWIID Version 5.0, octobre 2014, et Stephen P. Jenkins, « World income inequality databases : an assessment of WIID and SWIID », *The Journal of Economic Inequality*, vol. 13, n° 4, p. 629-671.

élites du reste du monde. Des années 1960 à la décennie 1980, l'Occident observait le monde de haut, de plus en plus. Depuis, il faut s'habituer à regarder une partie de l'ancien tiers monde sur le côté, voire par-dessous. Pire encore, alors que les classes moyennes supérieures et les élites trouvent dans la nouvelle dynamique quelques avantages – à travers un processus souvent évoqué sous le nom de code de « changement technologique favorisant la qualification[1] » –, les segments inférieurs, que l'on appelait naguère la classe ouvrière, se trouvent exposés.

Le sommet de l'Occident reste massivement en haut de la verticale, alors que la base – et même bien au-dessus de la base, jusque dans les classes moyennes – voit monter inexorablement le niveau des structures sociales mondiales. Pire encore, par comparaison avec l'ancien tiers monde, certains pourraient dire que le prolétariat occidental continue de faire figure de classe sociale mondialement privilégiée. Dans un monde où les élites s'homogénéiseraient économiquement, les classes ouvrières mondiales demeurent fragmentées, entre celles des pays développés disposant d'un pouvoir d'achat considérable – à l'échelle de la planète – et celles des pays en ascension qui ne disposent pas encore du même train de vie. Pour les classes moyennes supérieures européennes, la valeur de leurs qualifications est reconnue sur les marchés professionnels à peu près de la même façon, quel que soit le pays. Pour les sidérurgistes, les camionneurs, voire les coiffeurs, les postiers, et bien d'autres encore, la mise en vis-à-vis du coût salarial d'une heure de travail occidental et de son équivalent chinois reste considérable alors que la valeur de la tonne d'acier est un peu la même partout, et que celle de la tonne de courrier devrait suivre[2]. Je ne dis pas que la chose est vraie, mais que l'argument est véritablement utilisé au quotidien et suffit à exercer une lourde pression dans les

1. Cette traduction de *skill-biased technological change* étant bien sûr biaisée.

2. Ces propos ne sont pas les miens, je précise, et ces constats apparents dissimulent des réalités nettement plus complexes. Surtout, ces mêmes professions, où que soient les travailleurs concernés, sont directement en concurrence avec des processus robotisés destinés à les remplacer.

négociations salariales et la vie quotidienne. Il reste que cet écart est fabuleux, qu'il est légitime de se poser la question de ce sur quoi repose cette lévitation, et que, par ailleurs, le mouvement de réduction de cet écart est nettement entamé.

GRAPHIQUE 4.2

Répartition de la population française dans les groupes de déciles globaux de 1960 à 2010

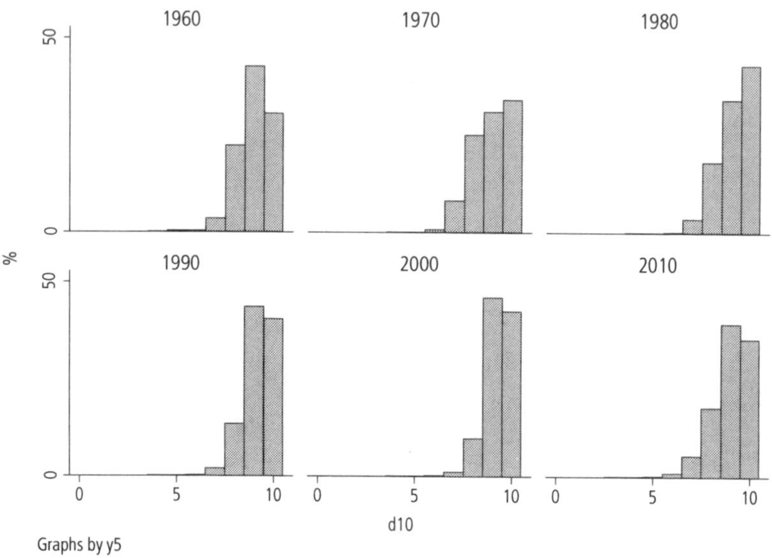

Note : En 2000, 88 % de la population française se trouve dans l'un des deux déciles supérieurs de la répartition mondiale du niveau de vie, contre 75 % en 2010.
Source : association PWT et SWIID.

Dans cette montée des classes moyennes chinoises – et autres – sur les marges des classes populaires occidentales, voire au-delà, la situation française est intéressante à plus d'un titre. D'abord, on n'y distingue pas une explosion des inégalités de revenu, mais des fluctuations assez incertaines. Pourtant, en termes de classements mondiaux des niveaux de vie comparés, la situation récente est celle d'une paupérisation, relative évidemment, mais nettement prononcée des revenus inférieurs. La chose est paradoxale en apparence, mais moins qu'il n'y paraît : les revenus supérieurs ne sont pas directement en concurrence avec leurs homologues des pays émergents – certes, les Singapouriens et les Hongkongais font la différence, mais l'avantage numérique occidental demeure, pour l'heure, à ces niveaux de revenus. En revanche, la montée du niveau des classes moyennes des nouveaux pays développés se fait nettement plus sensible à mesure que l'on descend dans l'édifice social. Il en résulte que, même si les inégalités françaises ne s'accroissent pas de façon sensible, le rattrapage par le reste du monde implique des distorsions significatives à la racine, et même au milieu de la distribution du revenu.

GRAPHIQUE 4.3
Centiles relatifs globaux moyens par centiles de la population française

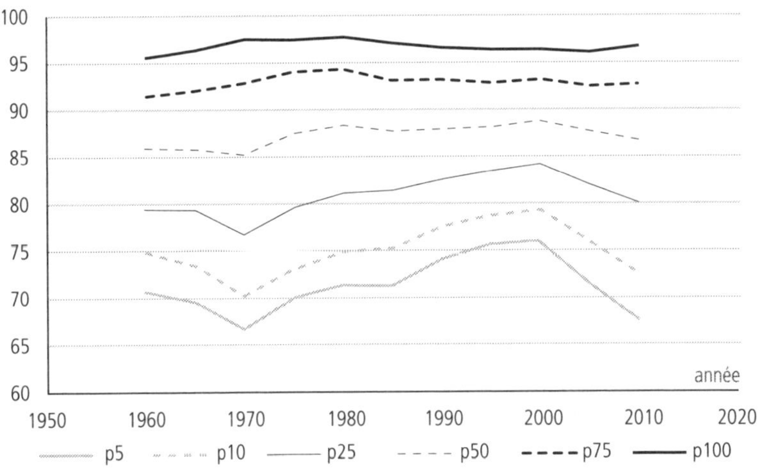

Note : p5 représente le cinquième centile de la répartition française ; en 1970, il se trouvait en moyenne au 70e centile global. De 2000 à 2010, il est passé du niveau du 76e centile mondial au 67e.

Jusque dans les années 2000, en raison d'abord de la fermeture de l'éventail des revenus, puis de l'érosion relative et enfin de la chute absolue de l'URSS-Russie dans les classements internationaux – qui a donc laissé des places dans la partie supérieure de la distribution mondiale du revenu –, les centiles inférieurs de la distribution connaissent depuis une dizaine d'années un fléchissement sensible. En 2000, le quartile inférieur de la distribution – nos 25 % les plus pauvres – était situé autour du niveau 85 – leurs membres comptaient parmi les 15 % les plus riches de la planète. Depuis, ils ont perdu 5 points. Pour la partie inférieure de notre distribution du revenu, les classements mettent en évidence une érosion nettement plus rapide. Ici, remarquons que, dans notre environnement confortable, ces éléments sont abstraits, voire parfaitement indifférents. La visite répétée de magasins de jouets, de grandes et de petites surfaces alimentaires, de supermarchés de toutes espèces, dans des quartiers variés, en Europe, en Chine au Mexique et ailleurs permet de mieux situer ces écarts et d'obtenir un cadastre intéressant du monde. Si les boutiques de jouets traditionnels du centre de Paris expriment clairement la stabilité des classes moyennes supérieures, la convergence entre certaines gondoles de supermarchés de Lorraine avec celles de Durban en Afrique du Sud expriment clairement la façon dont nos classes les plus modestes sont rattrapées par le pouvoir d'achat de la médiane mondiale. Je précise par ailleurs que ces transformations sont inscrites simplement dans la logique, voire la thermodynamique des fluides socio-économiques de la globalisation.

Le plus important relève de la rapidité des transformations et de la difficulté à prévoir les conséquences de ces mouvements. Surtout, il s'agit d'éclairer le sens et la perception même de la perspective globale qui en résulte. Dans le domaine des inégalités sociales et du sentiment d'injustice, la reformulation de la théorie du groupe de référence de Robert K. Merton[1] par Garry Runciman est à cet égard particulièrement intéressante : selon lui, les individus ont en vue un groupe de référence, pas trop distant, par rapport auquel il est possible d'évaluer sa propre situation relative et de mesurer en

1. Robert K. Merton (avec Alice Kitt Rossi), « Contribution à la théorie du groupe de référence » (1950), in *Éléments de théorie et de méthode sociologique*, *op. cit.*, chap. 7.

conséquence une forme de justice sociale des revenus[1]. Ce groupe de référence n'est peut-être pas un point dans l'espace social, il n'est pas unique, mais il forme plutôt un ensemble de positions pertinentes éventuellement accessibles. En général, la moyenne de ces positions possibles est située juste au-dessus de nous-même. Runciman supposait que, dans les temps anciens, la paysannerie ne se comparant pas à la haute aristocratie londonienne, la seconde n'étant pas le groupe de référence de la première, les inégalités objectivement radicales n'étaient pas source d'un sentiment d'injustice. Une fois élargie la sphère de référence, la question de la justice sociale devient cruciale pour la stabilité des sociétés modernes.

Un point important demeure obscur : pourquoi ne regarderait-on qu'au-dessus ? Dans la vision de Runciman, le groupe de référence se développe dans un sens parfaitement dissymétrique : il n'est presque jamais focalisé en deçà de soi-même, les catégories inférieures demeurant une forme de point aveugle, de non-être de la comparaison. Nous savons que, dans l'expérience de la mobilité sociale descendante, il est préférable d'être solidaires, voire soudés à des égaux connaissant la même trajectoire, sans quoi les individus sont privés de la capacité de saisir le sens collectif derrière un vécu qui est alors ressenti comme un échec personnel[2]. À l'idée de groupe de référence nous devons aujourd'hui adjoindre celle de « groupe de distance », qui agit comme le pendant du premier, et doit être compris comme l'ensemble des positions sociales réelles ou supposées dont l'individu souhaite se différencier, se distancier, s'éloigner autant que possible, sinon le plus possible[3]. Le plombier

1. Garry Runciman, *Relative Deprivation and Social Justice : A Study of Attitudes to Social Inequality in Twentieth-Century Britain*, Londres, Routledge, 1966.

2. Katherine S. Newman, *Falling From Grace : Downward Mobility in the Age of Affluence*, Berkeley, University of California Press, 1999 [1988] ; Katherine S. Newman, *Declining Fortunes : the Withering of the American Dream*, New York, Basic Books, 1993.

3. Merton parle de groupe de référence négatif, mais il n'élabore pas la question.

se compare à l'électricien, dont les technologies plus modernes et spécialisées, et le revenu en conséquence, représentent un objet d'envie signifiant ; l'électricien sera donc inclus dans le groupe de référence des plombiers. Si, durablement, le plombier ne parvient pas à obtenir des rétributions équivalentes à celles de l'électricien, il peut en résulter un sentiment de privation relative[1], facteur de frustration propice au développement, en cas de passage à la limite, de signes d'anomie – comportements antisociaux, violence contre autrui, contre soi-même, suicide[2]. En revanche, le terrassier, qui à l'occasion creuse les tranchées par lesquelles passeront les tuyaux du plombier, sera tenu à distance respectable – ce ne sont pas les mêmes exigences de qualification. Si maintenant le terrassier devait obtenir la même rétribution que lui – voire plus –, le risque d'anomie du plombier redoublerait d'intensité. Dans la société française, la question du statut et de la distinction des échelons inférieurs de la hiérarchie est particulièrement sensible.

Dans chaque cas, il existe donc des « autres pertinents », hiérarchisés, ceux directement enviés formant le groupe de référence et ceux dont il faut s'éloigner, le groupe de distance. L'ensemble de la structure sociale tient par l'équilibre de chaînons dissymétriques, d'aspiration à un statut meilleur et de distinction vis-à-vis des positions inférieures, d'envies et d'exclusions marquées par la réciprocité indirecte, les humiliations reçues du maillon supérieur étant généralement transmises à l'échelon inférieur, dans une logique de bizutage permanent sur lequel repose l'ordre social symbolique – et matériel.

Mais ce jeu d'échelles variables peut être nettement plus complexe. Je pense en particulier à ce que Michèle Lamont mon-

1. Cette relativité du jeu des positions, au-delà des seuils absolus, est un des paramètres les plus complexes des sciences sociales. Voir par exemple : Igor Martinache, « Pauvreté et exclusion. Des notions toutes relatives », *Idées économiques et sociales*, vol. 1, n° 171, 2013, p. 4-9.

2. Plutôt que de la « rage » qu'invoque la psychologie sociale américaine, on pourrait parler, en s'inspirant de Stefan Zweig, d'*amok*, l'acmé du passage à la violence sous l'influence de facteurs de stress social.

trait voilà quinze ans de la comparaison entre la France et les États-Unis, en particulier dans la relation des ouvriers d'« origine européenne » à leur environnement de travail et à leur position relative dans les hiérarchies[1]. Alors qu'outre-Atlantique ces ouvriers perçoivent les travailleurs des « minorités visibles » comme un groupe de distance, dans une relation clairement verticale, voire d'exclusion, la situation est plus complexe en France. Dans la mesure où la dénonciation des injustices porte à un solidarisme fort dans un contexte de déstabilisation de la construction notamment syndicale de la classe ouvrière, cette verticale du groupe de distance reste très ambiguë. Dans les limites de ce travail, ici, il n'est pas possible de rendre compte de toutes les facettes de l'approche comparative de Michèle Lamont, attentive à l'épaisseur morale comme politique des réalités vécues, voulues ou représentées, mais nous percevons ici d'emblée la complexité de la notion de groupe de distance, lorsque le regard des acteurs sociaux se porte aussi au-dessous d'eux-mêmes. De ce point de vue, nous entrons dans un monde radicalement nouveau des inégalités.

Dans le monde contemporain, nous assistons à une transformation profonde, un élargissement considérable de la sphère de l'« autre pertinent », tout particulièrement mais pas exclusivement[2] en matière de « groupe de distance ». Dans les années 1970, dans la classe ouvrière, cet « autre » de la comparaison sociale était français, et situé plus haut dans la hiérarchie : les classes moyennes salariées servaient ainsi de référence aux droits sociaux susceptibles d'être obtenus par la classe ouvrière et, dans le contexte de la dynamique économique de l'après-guerre, ce processus était certainement réaliste et efficace. La résorption du lumpenprolétariat réduisait l'importance du « groupe de distance ». Le terme de la

1. Michèle Lamont, *La Dignité des travailleurs. Exclusion, race, classe et immigration en France et aux États-Unis*, Paris, Presses de Sciences Po, 2002.

2. En effet, pour les élites françaises, le groupe de référence s'est enrichi matériellement et scolairement. L'entrée en concurrence avec le management globalisé et les classements des universités internationales matérialise un ensemble de réalités qui, une génération plus tôt, relevaient de l'exotisme.

comparaison pouvait consister selon les cas en l'exemple des contremaîtres et des techniciens français, mais aussi celui plus extérieur et lointain des ouvriers allemands de l'automobile, éventuellement les travailleurs des pays nordiques, voire ceux des pays socialistes, où le domaine de la consommation collective non marchande – santé, éducation, culture – pouvait laisser miroiter de véritables marges de progression.

Le tiers monde, même reformulé en « pays en développement », n'a commencé à représenter un « autre pertinent » de la comparaison que bien plus tard, dans les années 1990, souvent sous la forme d'une menace immédiate. Aujourd'hui, l'ouvrier chinois – ou indonésien – est une réalité et une représentation quotidiennes. Les travailleurs des pays en développement deviennent progressivement un « autre pertinent » de la comparaison depuis qu'ils sont dans notre sphère de consommation, de contrainte économique et de vision de notre avenir collectif. Surtout, et à commencer par les catégories sociales immédiatement en concurrence au travers de l'importation de biens de plus en plus élaborés, les coûts respectifs d'une heure de travail en France et dans la province de Canton sont devenus des références sinon familières, en tout cas confusément présentes.

Bien que les comparaisons soient incroyablement instables selon le point de vue adopté, si la référence est exprimée en dollars américains au taux de change courant de 2011, le coût employeur d'une heure de travail français est de 40 dollars, de 10 à Taïwan, de 3 en Chine. Si l'on préfère les parités de pouvoir d'achat (PPA), c'est-à-dire le niveau de vie local en fonction de ses prix à la consommation, les écarts se réduisent, mais le commerce international n'échange pas en PPA. Les optimistes souligneront que la valeur des importations chinoises rapportées au PIB français n'a même pas décuplé en vingt ans de 1994 à 2014, et qu'elle dépasse à peine 2 % de notre PIB. En d'autres termes, la Chine serait négligeable pour l'économie d'aujourd'hui, et socio-économiquement non pertinente. Il convient peut-être d'inverser ce point de vue qui, plus qu'optimiste, serait bien plutôt négligeant : en une génération, le simple passage de la Chine de l'équivalent de 0,2 à 2 % du PIB français marque déjà des transformations majeures, alors que la croissance en réserve de cette part nous promet des surprises. Pour l'ouvrier français – ou japonais –, le monde est bien en train de changer de base.

Le nouveau contexte de comparaison est nettement plus pessimiste que celui des années 1970. Naguère, la frustration relative, permanente, consistait à se comparer aux membres des catégories sociales supérieures, pour se contenter au final d'un niveau de vie médiocre en regard de ce que donnaient à voir ces « autres pertinents », situés souvent au-dessus. Aujourd'hui, au contraire, le domaine de l'« autre » s'est considérablement étendu, pour inclure maintenant des classes ouvrières que la génération précédente aurait vues comme exotiques, et dont le niveau de vie est aujourd'hui trois à dix fois inférieur à celui du prolétariat occidental. L'autre pertinent est de plus en plus souvent en dessous. Les « groupes de référence » tendent donc à s'éloigner, ne serait-ce que du point de vue chronologique. En revanche, les « groupes de distance » prennent une taille démesurée, sous des modalités multiples, et se rapprochent peu à peu du centre de la conscience.

Il s'agit ici sans doute d'une peur du déclin national, une phobie des abysses vers lesquels nous pourrions bien glisser. Mais c'est aussi une facette des réalités du monde empirique que la sidérurgie lorraine a rencontrée depuis bien longtemps déjà. C'est surtout une pente invisible, douce, que nous suivons depuis une décennie au moins, et dont il est facile d'imaginer, pour partie, le prolongement dans un monde où des qualifications semblables à celles de nos classes populaires – voire moyennes – sont de plus en plus largement diffusées. La frustration relative se doublera donc d'une panique du déclassement.

Dans un monde idéal, il conviendrait peut-être de suivre Slavoj Žižek, qui propose un constat similaire, dans son appel vibrant à la reconstitution d'un projet de mouvement international des classes populaires comme seule alternative moralement acceptable aux défis démographiques et sécuritaires de l'Europe d'aujourd'hui[1]. Ma tradition étant plus celle, sinon du positivisme, du néoréalisme et d'une sociologie de la lucidité, je préfère tirer les fils de la situation contemporaine en termes de profils objectifs de nos structures de classes, d'une part, et de capacité à réorganiser une « conscience de classes » susceptible de donner aux groupes sociaux une âme, une animation et une volonté d'action politique.

Le retour des structures de classes

Dans une perspective théorique, on peut donner une vision synthétique du phénomène de classes sociales[2] en distinguant deux éléments structurants complémentaires :

1. la verticale du pouvoir socio-économique : les groupes sociaux concernés doivent se situer sur des lignes hiérarchiques peu ambiguës, validées par les structures du système productif ou économique ;

2. la structuration identitaire de ces groupes (l'*identité de classe*), qui est elle-même constituée de trois modalités :

– l'*identité temporelle ou diachronique* (2a), c'est-à-dire la permanence de la catégorie, l'imperméabilité à la mobilité intra- et intergénérationnelle, l'absence de porosité aux échanges matrimoniaux avec les autres catégories (homogamie), voire la stabilisation de ces catégories sur des ensembles territoriaux spécifiques (ségrégation) ;

1. Slavoj Žižek, *La Nouvelle Lutte des classes. Les vraies raisons du terrorisme et des réfugiés*, Paris, Fayard, 2016.

2. L'usage de la notion de classe n'est pas ici de parfaite obédience marxiste : on peut parler ici de façon presque indifféremment de strates sociales, sauf que parfois il s'agit d'un peu plus. Si je reste profondément influencé par la pensée agonistique, entre Marx et Pareto, mon approche est parfaitement agnostique puisque je pense avec Weber que la conflictualité de classes est l'aboutissement possible de l'histoire, mais non pas son issue certaine. La première formulation que j'ai donnée à cette approche ainsi que la revue de littérature liée se trouve dans Louis Chauvel, « Le retour des classes sociales ? », *Revue de l'OFCE*, n° 79, 2001, p. 315-359.

– l'*identité culturelle* (2b), c'est-à-dire le partage de références symboliques spécifiques, de modes de vie et de façons de faire permettant une inter-reconnaissance, comme le partage d'un même accent, de répertoires de prénoms spécifiques, de modèles culinaires particuliers, repérables dans l'espace public ;

– l'*identité collective* (2c), à savoir une capacité à agir collectivement, de façon conflictuelle avec les autres catégories sociales, dans la sphère politique, afin de faire reconnaître l'unité de la classe et ses intérêts.

La seconde partie de la définition n'est pas propre aux classes sociales : tous les groupes d'une certaine étendue aspirant à une forte structuration de leur sentiment d'appartenance – groupes religieux, régionaux, culturels, ethniques, voire partis politiques – se doivent de promouvoir chacun de ces aspects. Seule la première partie de la définition, la verticale des inégalités, lui donne sa pertinence en termes de classes.

Pour beaucoup, ces classes sociales semblent constituer des objets d'un autre âge que l'on sort parfois du placard aux bibelots oubliés. Cette attitude pourrait ne pas être très raisonnable dans un contexte où les inégalités mondiales sont destinées à se tendre, non pas en raison de leur explosion intrinsèque, mais de leur visibilité et de leurs conséquences – comme nous l'avons vu avec Milanovic. La réduction des distances entre, disons, les techniciens de Volvo à Torslanda, Göteborg, et leurs collègues de Hangzhou, Zhejiang, et plus encore entre les classes moyennes européennes « natives » et les fractions des classes populaires originaires de pays du Sud, renouvelle considérablement la conscience et la réalité des inégalités existantes. La verticale du pouvoir socio-économique est donc féconde de configurations objectives, symboliques et politiques nouvelles, même si elles risquent de faire déchanter demain les tenants du grand soir d'aujourd'hui.

Surtout, ignorer la question de la constitution de groupes sociaux structurés serait contraire à un mécanisme intrinsèquement associé au processus de civilisation : l'émergence d'une division notamment hiérarchique du travail. Cet universel fait partie du retour violent du refoulé de tous les pays qui ont tenté d'y mettre un terme plutôt que de s'efforcer d'en moduler l'intensité. C'est en ces termes que Maurice Halbwachs exprime l'existence latente du phénomène même lorsqu'il semble résorbé : « Même au moment où il n'y a pas de lutte de classes déclarée, il y a lutte de classes latente, par le fait que, dans une hiérarchie, il faut que les rangs les plus élevés maintiennent leur position, et que, d'autre part, ceux qui occupent les rangs les plus bas, se trouvant dans une situation où ils sont sous-estimés, voudraient bien s'élever dans l'échelle sociale[1]. » Cette idée correspond trait pour trait à notre théorie des groupes de distance et de référence comme colonne vertébrale des inégalités sociales objectives. En même temps, elle souligne que la nature des découpages effectifs qui fracturera la pyramide sociale en classes est incertaine : il est difficile de savoir où les clivages se constitueront réellement.

Dans une perspective représentationnelle, il faut admettre que, par rapport à la conception marxiste traditionnelle de la verticale du pouvoir, qui était uniquement monétaire, le monde contemporain a changé : le capital « humain », « culturel », autrement dit le diplôme, doit être distingué maintenant de l'axe économique, comme Gustav von Schmoller puis Pierre Bourdieu l'ont montré. Cette structure a par ailleurs un aspect dual que Robert Perrucci et Earl Wysong appellent le double-diamant[2] : une grande classe inférieure, pauvre et laborieuse, nourrit une première classe, d'élite, elle-même fortement stratifiée. En réalité, le système de classe est multiple et les facettes en sont plus nombreuses, marquées par une forte fragmentation. Cette représentation, celle de l'« espace social adamantin[3] » (en forme de diamant : voir la figure 4.1), résulte de l'hybridation du schéma Schmoller-

1. Maurice Halbwachs, *Les Classes sociales*, Paris, Centre de documentation universitaire, 1937, p. 15.

2. Robert Perrucci et Earl Wysong, *The New Class Society : Goodbye American Dream ?*, Lanham, Rowman & Littlefield, 2002.

3. Louis Chauvel, « La globalcity et ses critiques. Tensions dans l'espace urbain et divisions des classes moyennes », *in* Julien Damon (dir.), *Vivre en ville*, Paris, PUF, 2009, p. 181-196.

Bourdieu, c'est-à-dire celle du croisement des deux dimensions économiques et culturelles, et du schéma du double-diamant.

Dans ce schéma, la hiérarchie est assez univoque, le sommet étant constitué des positions favorables sous tout rapport alors que la base cumule les handicaps. Le lien entre les dimensions d'éducation et de revenu est plus ou moins étroit : lorsque leur angle est refermé, les situations moins cohérentes – celle des déclassés scolaires ou celle des parvenus économiques – sont plus rares. Les facettes peuvent aussi changer de taille et de profil. Ainsi, dans la France des années 1960, la rareté des diplômes et leur forte valorisation concomitante a suscité la disparition temporaire de la catégorie des « déclassés scolaires » au profit de la « classe moyenne éduquée », l'accès au baccalauréat suffisant alors à trouver sa place dans les catégories intermédiaires du salariat à statut. Ces facettes peuvent aussi se déplacer les unes par rapport aux autres, les « élites » pouvant se rapprocher ou s'éloigner des classes moyennes, se décaler sur la droite ou la gauche. Le tournant des années 1980 a favorisé en revanche une partie des élites issues de l'entreprise et des constellations professionnelles liées (avocats d'affaires, direction financière, consulting, etc.). Dans le même temps, les titulaires de diplômes élevés sans position sociale correspondante dans la société – typiquement, les « intellos précaires » – forment un groupe d'une importance nouvelle.

Les différentes composantes de cet espace social peuvent constituer des éléments d'une identité collective, plus ou moins forte selon les cas et les configurations. L'identité de classes populaires est certainement la plus problématique dans la mesure où elle a connu antérieurement une forte structuration, notamment politique, qu'elle a perdu depuis. Évidemment, l'effondrement de la conscience politique passée ne signifie pas le naufrage de la conscience sociale critique, même si ce qui peut faire défaut ici est leur cohérence. L'étape prochaine est peut-être la tentative des déclassés scolaires de prendre le contrôle idéologique de la classe d'exclusion, mais on ne peut en prédire le succès. Chaque pays connaît à cet égard une construction nationale et une dynamique spécifique.

FIGURE 4.1
L'espace social en diamant du XXIe siècle

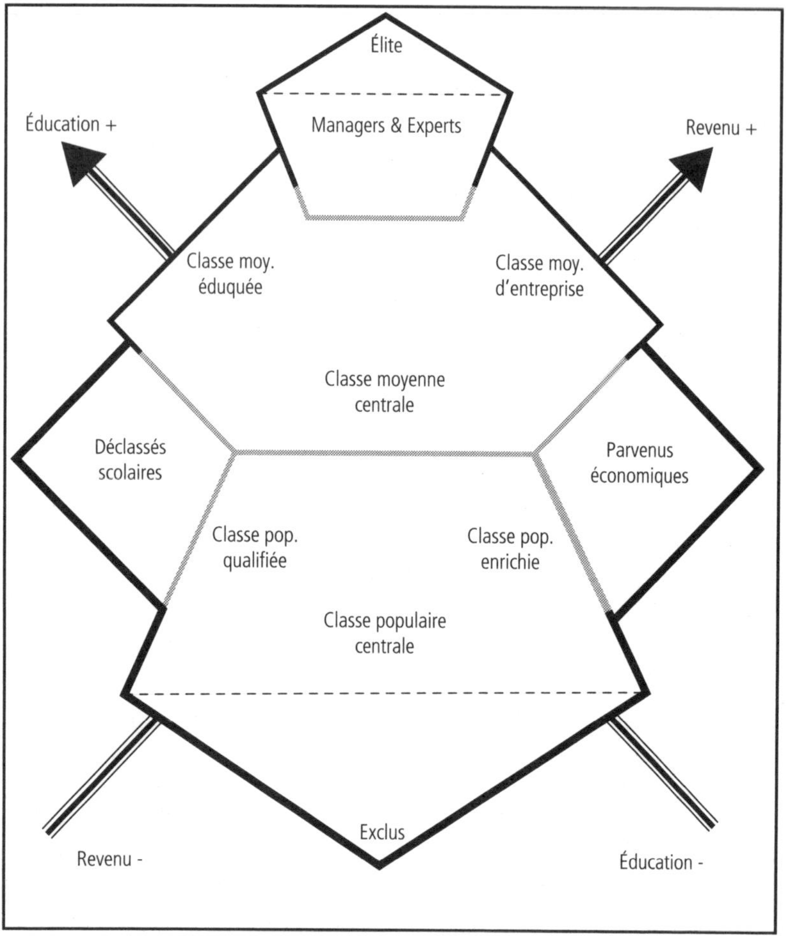

Dans une perspective strictement descriptive, il convient de saisir les transformations sociales à l'œuvre dans cet espace, en suivant les éléments structurants des classes sociales définis ci-dessus : hiérarchie et identité. Pour le premier élément, nous avons vu comment la verticale du pouvoir socio-économique s'étend.

Même si les inégalités de revenu, au sens strict, sont relativement stables et que le coefficient de Gini demeure atone, la prise en compte du patrimoine et de ses revenus implicites montre une hausse substantielle des inégalités économiques. La prise en compte du rôle du logement montre avec plus de clarté encore qu'en France la verticale du pouvoir socio-économique se tend[1] et l'analyse de la situation internationale laisse voir les marges de régression possibles pour le tiers ou la moitié inférieure de la société, toutefois sans atteindre pour l'instant la polarisation extrême que connaissent aujourd'hui les États-Unis.

L'aspect plus intéressant est celui des inégalités non pas statiques mais dynamiques. La notion de temps de rattrapage δ est essentielle pour comprendre l'écart entre la logique passée des Trente Glorieuses et ce que la génération des actifs d'aujourd'hui a connu. Considérons l'écart (le rapport) entre le salaire moyen des ouvriers (o_1) et celui des cadres (c_1) à la date t_1 et, sous l'hypothèse que la croissance moyenne du salaire ouvrier au cours des cinq années précédentes demeure inchangée, demandons-nous à quelle date $t_2 = t_1 + \delta$ le salaire ouvrier (o_2) aura rattrapé le salaire des cadres (c_1) ? Cette question de *temps de rattrapage* δ doit se comprendre en termes partiels : le salaire du groupe des cadres continuera *lui aussi* de s'accroître, renvoyant ainsi à plus tard la venue du rattrapage complet. C'est ici le paradoxe de Zénon de la course éternelle d'Achille et la tortue. Néanmoins, plus ce temps de rattrapage δ est réduit, plus les catégories populaires sont fondées à concevoir leur avenir en observant les catégories situées au-dessus d'elles. Si ce temps est de l'ordre de trente ans, un jeune ouvrier peut espérer en fin de carrière un revenu proche de celui des cadres qu'il observe, et un ouvrier plus âgé peut attendre pour ses enfants un sort nettement ascendant comparé au sien propre, dans une lecture positive d'un avenir de classes de consommation poreuses, voire ouvertes. Si ce temps de rattrapage avoisine le

1. Carole Bonnet, Bertrand Garbinti et Sébastien Grobon, « Accès à la propriété : les inégalités s'accroissent depuis 40 ans », *Études et Résultats – DREES*, n° 961, 27 mai 2016.

siècle, ou plus, les écarts qu'il observe aujourd'hui sont appelés à persister aussi loin que ce que l'horizon théorique de sa vie et de celle de ses enfants lui permet d'entrevoir. C'est une dimension centrale de la « restratification » à l'œuvre aujourd'hui.

TABLEAU 4.1

Le temps de rattrapage

	Rapport du salaire	Croissance annuelle moyenne depuis 5 ans du pouvoir d'achat du salaire	temps de rattrapage
	cadres / ouvriers	ouvrier (%)	(années)
1955	3,9	4,8	29
1960	3,9	2,8	49
1965	4,0	3,5	40
1970	3,8	3,7	36
1975	3,4	3,5	35
1980	2,9	1,6	65
1985	2,7	0,3	371
1990	2,8	0,3	353
1995	2,6	0,3	316
2000	2,5	0,6	150
2000 (*)	2,63	0,11	893
2005	2,61	-0,01	-xxx
2013	2,42	0,66	135

Source : Séries longues sur les salaires – Insee. (*) : nouvelle série.
Note : En 1955, le salaire moyen des cadres est 3,9 fois plus élevé que celui des ouvriers ; de 1950 à 1955, le taux de croissance annuelle du pouvoir d'achat du salaire ouvrier était de 4,8 % par an ; en 1955, à ce rythme, le temps nécessaire pour rattraper le pouvoir d'achat du salaire des cadres de 1955 est de 29 ans. Les conséquences du ralentissement économique des années 1970 sont claires.

Les résultats de cet indicateur offrent une interprétation univoque : la croissance économique, presque nulle depuis plus de trente ans, ne permet plus aux catégories populaires de se projeter de façon réaliste dans un avenir meilleur dont les catégories mieux situées sont en quelque sorte les pionniers : la comparaison positive par l'émulation qu'elle suscite se mute en envie que le temps ne saurait assouvir et en frustration permanente, malgré le renouvellement des produits électroniques de grande consommation, dont les prix se sont effondrés continuellement depuis trente ans, et qui a offert un substitut de satisfaction face à la stagnation des revenus. Inversement, des biens et services classants, comme la semaine de ski au Club ou les mètres carrés dans un quartier valorisé, sont parfaitement inaccessibles. Un tel régime de stagnation est soutenable lorsque de lourdes structures de classes, en particulier d'ordre subjectif ou culturel, permettent de donner sens à une position sans espoir de progression : la culture ouvrière était précisément une forme structurante dans un contexte de permanence des frustrations relatives. Le contexte actuel est précisément celui du reflux d'une telle identité collective. Il ne fait donc plus sens de regarder au-dessus, où l'espoir d'ascension se réduit, alors qu'en revanche la menace pourrait venir d'en dessous.

Identité collective et mouvements sociaux

D'un point de vue objectif, la restructuration en classes de la société française est plausible – et déjà en partie démontrée ici. Du point de vue culturel, en termes de mobilisations collectives, de mouvements sociaux organisés susceptibles de servir de support identitaire pour un groupe social en formation, il n'en est rien, pour l'heure. En reprenant les trois formes de l'identité de classes, l'atonie se révèle. L'identité diachronique produit un diagnostic en demi-teinte, plutôt sombre : la ségrégation urbaine et le temps de rattrapage révèlent des formes de rigidification, alors que la mobilité intergénérationnelle offre un paysage complexe[1]. La notion de « culture », ouvrière, populaire, « de

1. Louis-André Vallet, « Mobilité observée et fluidité sociale en France de 1977 à 2003 », *Idées économiques et sociales*, n° 175, 2014, p. 6-17.

classe », présente pour sa part de lourdes incertitudes[1] où, au bout du compte, la question est bien de mesurer ce qui reste des années 1970 lorsque nous avions vu culminer une culture en mouvement où les classes populaires avaient leur place sinon leur centralité. L'aspect peut-être le plus déterminant est celui de l'identité collective, la mobilisation partisane, syndicale, politique sous toutes ses formes étant depuis longtemps le sismographe le plus sensible de la puissance des mouvements sociaux.

Grâce à Edward Shorter et Charles Tilly, la France dispose d'une connaissance longue sur la conjoncture des mobilisations de rue, des grèves et des émeutes. Les annexes de leur ouvrage[2] proposent des statistiques impressionnantes du nombre d'événements et de participants, couvrant un siècle et demi de mouvements sociaux et d'expression politique visible de la conflictualité sociale. En France, en particulier, les grèves sont un indicateur approprié de degré de mobilisation, de motivation et d'extériorisation de la culture de classe dans ses dimensions combatives. Il est vrai aussi que l'indicateur en question est complexe[3] : l'absence de grève peut être moins l'expression d'une satisfaction intrinsèque des classes populaires ou de leur dissolution que le symptôme d'une situation bloquée en attente d'une libération violente de forces longtemps réprimées. Mieux vaut de fréquents tremblements de terre de faible intensité qu'un seul et rare séisme de première ampleur, dont la libération de forces brutales laissera ensuite des années de calme inquiétant. D'où la nécessité de lisser les statistiques sur un assez grand nombre d'années.

1. Olivier Schwartz, « Peut-on parler des classes populaires ? », *La Vie des idées*, 13 septembre 2011, <www.laviedesidees.fr/Peut-on-parler-des-classes.html>.

2. Edward Shorter et Charles Tilly, *Strikes in France, 1830-1968*, New York, Cambridge University Press, 1974, p. 365 *sqq*.

3. Sophie Camard, « Comment interpréter les statistiques des grèves ? », Genèses, n° 47, 2002, p. 107-122.

GRAPHIQUE 4.4
Journées individuelles non travaillées (JINT) en milliers en moyenne sur dix années – échelle logarithmique

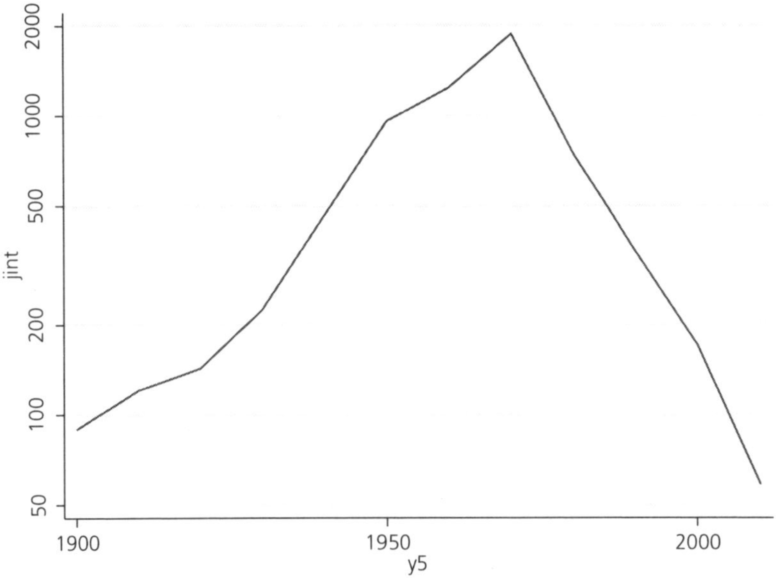

Sources : Shorter, Tilly, Mouriaux et Dares.

Comme toujours, les séries statistiques s'interrompent précisément à l'instant où les dynamiques sociales se complexifient : le ministère du Travail (Direction de l'animation de la recherche des études et des statistiques, Dares) est la source idoine pour le suivi du nombre de milliers de journées individuelles non travaillées (JINT) à partir de 1975. Nous nous retrouvons alors devant un vide statistique entre 1968 et 1975, une période heureusement couverte par les données proposées par René Mouriaux[1]. Nous relions donc les différentes séries qui se recouvrent partiellement, même si conceptuellement Charles Tilly suivait les

1. René Mouriaux, *Le Syndicalisme en France depuis 1945*, Paris, La Découverte, 1994.

participants à des mouvements extérieurs, alors qu'à la fin il s'agit de temps non travaillé : une manifestation de retraités aurait marqué les données de naguère, alors qu'elles n'ont aucune conséquence en termes de JINT. Nous interpolons alors ces différentes courbes que nous lissons sur dix ans. Sans un tel lissage, nous détecterions tout un ensemble d'éléments intéressants formant des indentations particulières sur la courbe – comme les mouvements sociaux de 1995 – mais qui disparaissent dès qu'une perspective plus longue est suivie. Dans les années 1970, 2 millions de journées de travail ont été consacrées à la grève, contre seulement 75 000 au début des années 2010, moins qu'au début du XXe siècle. Ces écarts sont considérables et signifient une baisse dans un rapport de vingt à un de ce type d'action collective depuis la période qui suit immédiatement les évènements de 1968.

Les explications en sont multiples. Certains ont affirmé qu'avec l'enrichissement généralisé la question sociale a disparu. D'autres qu'avec le chômage de masse la peur du lendemain empêcherait toute mobilisation collective. À moins qu'avec l'évolution des moyens d'expression, les travailleurs manifestent désormais leur insatisfaction à travers leur blog plutôt que de sortir dans la rue ? Peut-être y a-t-il une part de vérité dans ces hypothèses ? Plus vraisemblablement, l'institutionnalisation des syndicats les a orientés vers un rôle d'agence de négociation et de cogestion des carrières et des ressources plus que de coordination des luttes. L'aspect générationnel est peut-être aussi important : une génération mobilisée a disparu sans transmettre le savoir-faire organisationnel de la conflictualité sociale alors même qu'elle hésite à saisir le contexte nouveau vécu par les générations suivantes et leurs enjeux. Il reste que si les usagers des transports publics peineront à croire en la figure de la baisse des JINT, le mouvement social n'est plus le souci central du capitalisme, sinon en termes d'impossibilité à trouver les relais d'une négociation collective pourtant nécessaire avec une base plus inaccessible que jamais. L'autre explication transite par l'hypothèse de l'effet retard : ce délai considérable, parfois plus long qu'une génération entière, entre l'émergence d'une nouvelle réalité et la prise de conscience qu'elle serait censée susciter. C'est là le moteur du vortex des inégalités et du mouvement social.

Le vortex des inégalités et du mouvement social

Le lien entre les inégalités objectives, susceptibles de structurer une verticale du pouvoir socio-économique rigide, génératrice de « violence structurelle », et les aspects subjectifs des classes sociales (culture ouvrière, comportement politique et syndical, conscience de classe, identité collective, mouvement social, etc.) demeure un mystère des sciences sociales, en particulier parce que sa dynamique n'est pas linéaire. Il reste que, là comme ailleurs, nous avons progressé[1]. Jusqu'à présent, une théorie, plus généralement représentée chez les spécialistes de la stratification sociale d'obédience marxiste – mais aussi chez les antimarxistes – est que superstructure et infrastructure vont ensemble : de fortes inégalités d'un côté et une mobilisation d'ultra-gauche de l'autre doivent aller de pair, comme en Amérique latine. Une autre branche de la littérature, plus influencée par la pensée institutionnaliste, émet l'idée qu'un mouvement social fort – notamment des syndicats puissants, comme en Europe nordique – est la condition du maintien d'inégalités mesurées. Ces deux courants de pensée sont généralement opposés, sinon antagonistes.

Pour sortir de cette vision linéaire unidimensionnelle, une lecture du long terme, fondée sur l'analyse des évolutions les plus fortes et négligeant les aspérités du court terme, pourrait être la suivante. On peut représenter horizontalement l'intensité des inégalités et verticalement celle des mobilisations sociales, vues comme support de l'identité collective de classe. Plus une société se trouve à droite sur ce schéma, plus elle correspond à une structure inégalitaire, et à gauche à une société égalitaire, et plus elle est

1. Une revue de littérature et un modèle d'analyse se trouve dans Louis Chauvel et Martin Schröder, « A prey-predator model of trade union density and in-equality in 12 advanced capitalisms over long periods », *Kyklos*, à paraître.

en haut, plus elle correspond à une forte identité collective des classes sociales. Directionnellement, nous avons ainsi quatre types repérables.

En bas à droite, des inégalités fortes vont de pair avec des conditions objectives de classes marquées, sans que la conscience de ces classes existe (1) ; il s'agit typiquement d'une situation d'aliénation du prolétariat. En haut à droite, nous avons une situation caractérisée par des inégalités fortes, associée à une forte mobilisation collective : on est en présence d'un contexte de « lutte des classes » (2). En haut à gauche (3), les inégalités sont faibles, mais la mobilisation sociale forte ; on peut faire l'hypothèse que cette situation ne peut se constituer sans une histoire préalable de revendications abouties. En bas à gauche, il s'agit (de façon idéaltypique) de la configuration sociale sans inégalité ni identité, la société sans classes (4).

FIGURE 4.2
La spirale des inégalités et de la mobilisation sociale

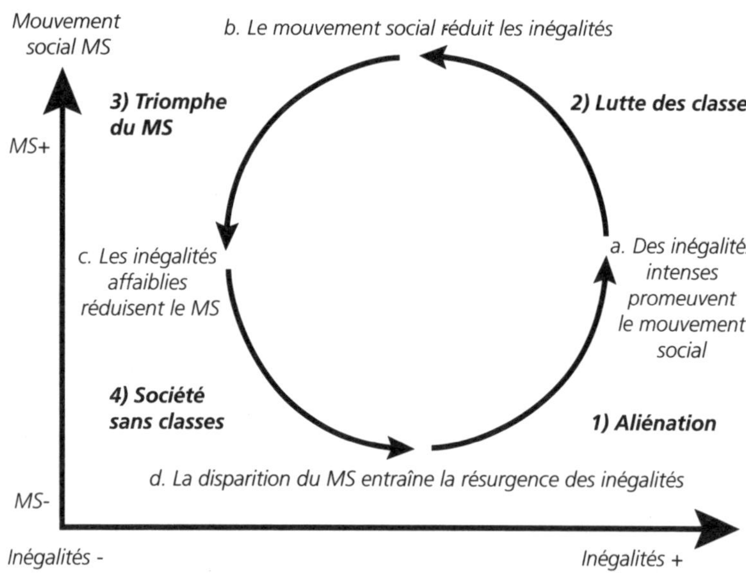

En réalité, ces types sont liés dans un processus dynamique : ils s'influencent les uns les autres ou, mieux, sont reliés par une dynamique de système et un ordre logique. En partant de la configuration d'aliénation (1), typique du XIXe siècle, où l'inégalité est forte dans un contexte où l'organisation du mouvement social reste limitée, nous avons une série de forces causales suscitant une accélération dans une direction ou une autre. Par conséquent, aucun de ces pôles n'est intrinsèquement stable, chacun contenant les forces de sa propre contradiction. Voici la série d'étapes :

a) À partir de la configuration d'aliénation (1), les inégalités radicales accélèrent la constitution du mouvement social, d'où l'émergence de la configuration (2) de lutte des classes.

b) La force de l'action collective de la classe populaire tend à la réduction des inégalités et son succès conduit à la configuration (3) de triomphe du mouvement social.

c) Parvenu à ce point, de faibles inégalités rendent difficile le maintien de la mobilisation sociale, d'où l'émergence de la société sans classes (4), faute de combattants.

d) C'est alors que l'avachissement du mouvement social laisse un boulevard à la reconstitution d'inégalités radicalisées, jusqu'à la situation d'aliénation (1). La boucle est bouclée, le système dynamique étant prêt à repartir, sauf surprise, qui advient toujours.

Cette histoire est totalement marxiste, penserez-vous ? En réalité, il s'agit de bien autre chose. Comme le supposait Max Weber, cette activation culturelle, politique, identitaire, des victimes de la verticale socio-économique est une possibilité, et non pas une certitude, et l'aliénation peut être un point de départ, mais aussi un point d'arrivée, un trou noir sans retour. Le système dynamique présenté ici correspond aux formules mathématiques du modèle de Lotka-Volterra[1] appelé aussi modèle des proies et des

1. Alfred J. Lotka, *Elements of Physical Biology*, New York, Williams & Wilkins, 1925 ; Vito Volterra, « Variations and fluctuations of the number of individuals in animal species living together », *in* Royal N. Chapman (dir.), Animal Ecology, New York, McGraw-Hill, 1931, p. 409-448.

prédateurs : il rend compte des fluctuations annuelles, de la dynamique non linéaire, des lapins et des renards dans un écosystème. Un accroissement du nombre de lapins va améliorer l'alimentation et donc la reproduction des renards, dont la fécondité insoutenable va susciter ensuite la sur-chasse de leurs rongeurs préférés, dont la disparition va provoquer à leur tour la famine des carnassiers et leur recul démographique, jusqu'au point où les lapins pourront resurgir[1]. Dans les écosystèmes connus, la périodicité est de l'ordre de quelques années alors que, dans l'ordre du sociosystème, des décennies sont requises pour observer une transformation.

Cette proposition est théorique, mais elle se conforme bien aux non-linéarités que nous observons au long terme en France : en rapprochant ce que nous connaissons depuis les données de journées de grève de Charles Tilly jusqu'à nos jours, d'un côté, et de l'autre les séries harmonisées sur le long terme des inégalités économiques, en particulier la part du revenu national détenu par la fraction des 0,1 % les plus riches de la société française[2], nous obtenons une validation empirique de ces idées. La structure objective de la verticale du pouvoir socio-économique et la capacité de mobilisation sociale du peuple ont tourné en rond. La forme obtenue n'est pas rigoureusement celle d'un cercle parfait. En particulier, le pôle de la lutte des classes pourrait être mieux représenté. Il est vrai que lorsque celle-ci a culminé dans les années 1930, l'enjeu était moins la mobilisation de rue et la grève, même générale, que celui de la prise de pouvoir par un parti communiste versant dans la clandestinité et l'organisation secrète. L'indicateur même de participation aux grèves peut réduire la visibilité de l'action de classe.

1. D'une façon inappropriée, certains pensent qu'il s'agit là du paradoxe du gruyère : plus il y a de fromage, plus il y a de trous ; plus il y a de trous, moins il y a de fromage.

2. Facundo Alvaredo, Anthony B. Atkinson, Thomas Piketty et Emmanuel Saez, The World Top Incomes Database, 2015.

GRAPHIQUE 4.5

Inégalité (part du revenu national détenue par le millième des Français les plus riches) et mouvement social (milliers de journées de grèves) des années 1860 à nos jours

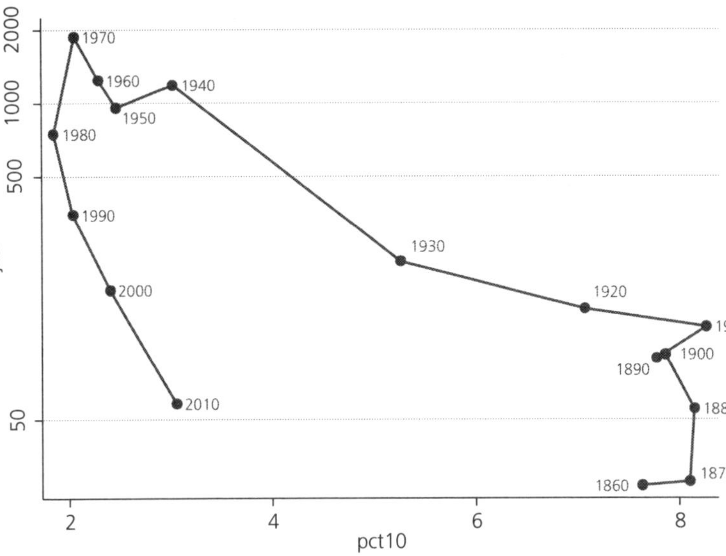

Sources : Shorter et Tilly, Mouriaux, Dares, Alvaredo *et al.*

Si nous considérons par exemple la France depuis le XIXe siècle, une partie de la boucle a été bouclée. Il est possible de partir du cas de la France dans sa première phase d'industrialisation de 1860, marquée par des inégalités économiques très fortes, mais où l'identité du prolétariat est encore loin d'être constituée. La suite du XIXe siècle fut la montée en puissance de cette identité ouvrière et l'entrée dans le jeu politique du marxisme, jusque dans l'entre-deux-guerres où la situation européenne tourmentée produit une accélération de l'histoire. À partir des Trente Glorieuses et de l'édification d'un système social-démocrate, les inégalités ont été fortement régulées, sans que la conscience de classe se soit dissoute pour autant. En définitive, il faut attendre le ralentissement économique, et le tournant de la fin des années 1970, pour voir s'atténuer la mobilisation sociale, alors que les inégalités ont cessé de diminuer. Comme Ulysse et ses compagnons repris par la tempête devant Ithaque, c'est là que s'éloigne le rêve de la société sans classes, parce que le discours égalitariste perd de ses soutiens et que le discours inverse marque des points dans le débat public. La reconstitution d'inégalités plus fortes pourrait être alors en route.

En définitive, entre la situation objectivement vécue et le monde subjectif des inégalités, la relation n'est pas obligatoirement stable, ni cohérente, tant s'en faut. Le temps de la prise de conscience peut être important, et il peut en résulter un délai porteur de disjonctions, de tensions et d'incohérences qui méritent d'être examinées plus avant. En effet, une population peut continuer d'être alarmée contre les inégalités alors qu'elles peuvent avoir été aplanies depuis longtemps. Au contraire, nous pouvons observer des situations paradoxales où la majorité croit que les inégalités diminuent, alors que les barrières sociales se reconstituent. Il peut en résulter, notamment pour les nouvelles générations qui subissent cette nouvelle dynamique paradoxale où les faits et les représentations divergent, un risque majeur de *dyssocialisation* : une contradiction violente entre les valeurs, les représentations et l'identité transmises par la génération précédente et les conditions et situations objectivement vécues par la génération émergente. D'un certain point de vue, les classes sociales sont une réalité objective tangible, peut-être plus aujourd'hui que dans les années 1970, plus pour les nouvelles générations que pour celles qui entraient dans la vie en 1975 ; pour autant, cette réalité pourrait être d'autant plus difficile à comprendre et à vivre que les mots qui serviraient à en rendre compte ont été vidés de leur sens par l'histoire récente, « classes sociales » restant difficile à prononcer et à penser. Le danger est alors de confronter les individus à des rapports sociaux, collectifs, auxquels ils sont incapables de donner un nom et d'accoler des représentations cohérentes. Plus encore, ce n'est pas dans la résurgence sans transformation des outils idéologiques du passé que la compréhension des phénomènes à l'œuvre progressera.

Les tendances des Trente Glorieuses ont fait des classes sociales un objet sociologique dépassé, mais ces dernières décennies semblent leur redonner un contenu et des contours plus stables. Pour peu que les tendances des décennies récentes se prolongent, la « restratification » de la société française pourrait donc bien être d'actualité, porteuse à terme de contours objectifs plus nets. Pour l'heure, cette vision est doublement hypothétique. D'une part, une possible mais improbable reprise économique pourrait relancer une boucle vertueuse porteuse d'atténuation des contours de classes, et accélérer le temps de rattrapage des classes populaires, mais tel n'est pas l'horizon de court terme. D'autre part, il se peut qu'une structure sociale objectivement rigide puisse ne pas aller de pair avec une prise de conscience de cette rigidité, comme c'est le cas dans l'exemple américain, où l'espoir obamien de reconstitution d'un mouvement social américain fut une hypothèse difficile à vérifier. D'où le schéma de cette « spirale historique des classes sociales » où ce n'est qu'avec retard que les acteurs sociaux prennent conscience de ce qui est advenu de leur collectivité.

Ce phénomène circulaire pourrait être bien plus systématique que dans cette spirale des classes : d'une façon plus générale, tout problème social suscitant résistance et déni est de nature à suivre la même dynamique. Dans un premier temps, un phénomène émerge comme radicale nouveauté que bien peu conçoivent – prenons pour exemple le suicide des personnes âgées dans les années 1950. Même si certains diagnostiquent rapidement le problème, le conservatisme mental, le déni et la concurrence de personnes mieux installées dans la pyramide du pouvoir cognitif feront écran à cet accès novateur : depuis Thomas Kuhn, nous savons que le savoir ancien se reproduit par des agents brillants mais incapables de créativité, intéressés à conserver leur statut de gardiens d'un temple éternel, tant qu'ils vivront, mais déjà en ruine[1]. Pendant ce temps, le problème continue de se développer jusqu'au retournement dynamique : la prise de conscience, tardive,

1. Thomas Kuhn, *La Structure des révolutions scientifiques*, trad. Laure Meyer, Paris, Flammarion, 1972 [1962].

suscite une double réponse inappropriée. Les uns remplacent le tabou ancien par une évidence : c'est ainsi car ce ne peut être autrement, donc tentons de faire de nécessité vertu ; cette attitude radicalise le problème. Les autres, plus interventionnistes, souhaitent un traitement radical du problème, d'où le risque de surajustement. L'exemple du suicide des seniors – nous pourrions en prendre des dizaines d'autres qui correspondent à cette dynamique spiralée – souligne par exemple la nécessité de réduire la pauvreté radicale du troisième âge telle qu'on la connaissait encore à la fin des Trente Glorieuses. Longtemps, l'idée fut qu'il suffisait d'attendre et la démographie suffirait à remplacer les retraités pauvres par les suivants. Mais la prise de conscience des écarts de revenus dont les seniors étaient les victimes a conduit les interventionnistes à améliorer considérablement le mode de valorisation des retraites.

Des moyens naguère refusés, lorsqu'il était urgent d'agir, sont maintenant accordés, même si en réalité le pic des difficultés a déjà été atteint et dépassé. L'idée est alors de traiter le problème à la racine, une fois pour toutes, quoi qu'il en coûte. En procédant de la sorte, sur la base de l'inversion du consensus, les victimes d'hier risquent de se retrouver privées de support, alors que de nouveaux privilégiés vont disposer de moyens massifs, plus qu'il n'en aurait fallu pour expurger les maux d'avant-hier dont ils ne souffrent plus en réalité. Les remèdes draconiens font plus que résoudre les difficultés de naguère, qui se sont volatilisées. L'annihilation de ces problèmes – les jeunes retraités d'aujourd'hui sont mieux protégés de suicide que leurs aînés ou que leurs puînés – finit avec retard par susciter la conscience du surajustement, d'où la disparition brutale de tout traitement, même préventif, et de tout suivi de la question, car la mode est maintenant ailleurs. La structure sociale est alors mûre pour entrer dans un nouveau cycle, puisque la mémoire du surajustement suscite le refus de considérer le problème ré-émergent – la pauvreté des retraités, et leur taux de suicide comparé, sont ainsi appelés à connaître un nouvel essor dans les années qui viennent. C'est écrit. Cette dynamique cyclique est donc nettement plus générale que celle de la spirale des classes.

La grande anomie identitaire

La configuration contemporaine est peut-être inédite à l'échelle de la modernité, même si les États-Unis vivent la même expérience sociale depuis quelques décennies. Notre avenir est celui de la reconstitution d'une échelle sociale rigide, d'une nouvelle verticale, de l'expansion d'inégalités reconstituées. Devant ces nouvelles réalités, la conscience sociale est soit obsolète – le vieux marxisme résurgent –, soit inexistante – la croyance selon laquelle nous sommes toujours et pour toujours dans une société égalitaire de classes moyennes salariées. La mise sous tension des classes moyennes salariées et leur déclin économique pourrait les amener à partager le sort de ce qui reste de la classe ouvrière, à peine au-dessus d'une classe des post-travailleurs – ce qu'en anglais nous pourrions appeler une *post-working class*, constituée d'individus *a priori* atomisés, spécialement subventionnés pour se tenir hors de la sphère de l'emploi. Cette position sociale située en dehors du sens collectif offert par la participation à la production collective étant intolérable à la majorité des individus, au long terme, les personnes dans cette non-position sociale s'inventent nécessairement d'autres supports identitaires, en se constituant l'idéologie d'une révolution spécifique dont ils pourraient se sentir les nouveaux leaders.

Même si un retour aux nationalismes identitaires fait partie des configurations encore ouvertes, cette éventualité ne semble pas évidente, même si le succès relatif des néo-populismes pourrait en être le symptôme. Il semble plutôt que l'extrême richesse para-religieuse de cultes et de sectes variés – ce dont les États-Unis ou la Suisse donnent des exemples intéressants – offre une source d'inspiration pour comprendre des potentialités de développement nouveau en France. Ces formes diverses d'accompagnement idéologique de l'effondrement économique pourraient trouver des formes bien différentes au sein du post-prolétariat pour qui les néomarxismes en vogue dans les classes moyennes intellectuelles pourraient ne pas avoir les mêmes attraits. Dans la grande anomie identitaire en cours, des renouveaux inquiétants sont en gestation.

La triple logique de notre monde devrait être celle de la croissance rapide des inégalités – en tirant les fils de la concurrence globalisée où les sociétés de classes moyennes européennes ne sont pas véritablement soutenables –, la submersion rapide de notre exception sociétale par la réduction du différentiel économique entre la moyenne française et celle du monde, et la réémergence de violents conflits objectifs de classes sous une forme renouvelée. En réalité, en suivant les tendances socio-économiques des temps récents, cette triple attente ne se réalise toujours pas et pourrait être déçue. La croissance des inégalités demeure insidieuse en France. La plus grande surprise, en considérant la situation réelle de la société française et, derrière elle, celles de la plupart des pays européens, est la relative stabilité – ou la très lente augmentation – de leurs inégalités de revenu. Nous mesurons la façon dont le bas des structures sociales européennes est progressivement érodé dans les classements mondiaux par le rattrapage de la Chine et des autres pays du bloc des « Brics ». Mais, par comparaison avec ce que nous connaissons des États-Unis – une séparation brutale des élites du reste de la population, la polarisation des classes moyennes, la transformation de l'Amérique du Nord en un ensemble civilisationnel où le tiers monde côtoie à quelques kilomètres de distance, parfois moins, les zones les plus privilégiées de la planète –, la situation européenne, en particulier en France, reste à l'écart de cela. L'extension inexorable des inégalités semble presque inexistante tant que nous ne considérons pas les fractiles les plus élevés de la distribution, ou tant que le patrimoine n'est pas pris en considération.

Quant à la restructuration en classes, si elle suit la logique d'un ensemble de recompositions présentées ici, elle reste parfaitement hypothétique, voire illusoire, du point de vue des représentations et de l'organisation politique. Elle a peu de chances de se produire véritablement avant une ou deux générations, et les supports identitaires de classes peuvent aussi bien être remplacés par d'autres substrats idéologiques ou religieux que ceux du marxisme occidental.

Ce que nous imaginons comme relativement naturel, c'est l'effondrement – bien sûr relatif – des échelons socio-économiques les plus bas vers une médiane mondiale tirée violemment vers le haut par les nouveaux pays développés, et ce depuis au moins vingt ans. En toute logique, les classes populaires françaises devraient sombrer dans les classements, suivies, de peu, par le bas des catégories intermédiaires. Ce déclassement serait relatif, sauf cataclysme : les ressources, ici, ne stagnent pas, elles sont simplement rejointes, notre avance grignotée. Mais différentes humiliations socio-économiques sont à attendre sur ce chemin, ainsi que différentes formes de déstructuration et de déstabilisation de ce que nous avons conçu jusqu'à présent comme notre vie quotidienne, tout ce monde de grande sécurité statutaire. Le prestige global de la richesse égalitaire de l'Europe, solidement établie naguère sur des fondements matériels, se sublime progressivement, au sens de la physique : tout ce qui est solide se désagrège en brouillard.

Donc, pour conclure sur l'avenir du vortex, il est assez vraisemblable, sinon certain, que nous continuerons d'assister à la reconstitution d'inégalités objectives fortes, d'où une montée aux extrêmes de ce point de vue. Il ne devrait pas y avoir de contrepoids idéologique ou identitaire, faute de pouvoir trouver une unité dans le salariat entre strates populaires et le bas des classes moyennes. La constitution d'un noyau d'exclusion, d'un précariat diplômé, et la diffusion de nouvelles approches religieuses de la question sociale sont de nature à désagréger ce qui reste de l'héritage idéologique populaire et solidaire de la Reconstruction. L'absence de grande construction collective n'empêche pas le développement d'émeutes et de jacqueries des temps présents. Les institutions sociales héritées de la Libération tiennent encore à leur structuration institutionnelle mais risquent de devenir des coquilles vidées de leur organisme vivant. Sauf phénomène émergent proprement inattendu, cette désagrégation devrait être à son tour un facteur d'accroissement des inégalités : les acquis sociaux devraient continuer de se défaire avec, à terme, l'effondrement de pans entiers de ce que l'on a cru solide comme le roc. La dérive du vortex en direction de son point de départ, en bas à droite, devient inéluctable, mais pourrait ne pas conduire à la relance d'une boucle nouvelle.

Chapitre 5

Le déclassement systémique et la spirale insoutenable

In girum imus nocte ecce et consumimur igni.
« Nous tournons en rond dans la nuit et nous voici consumés par le feu. »

Virgile (palindrome apocryphe).

Les formes du déclassement sont multiples : par rapport au diplôme, aux parents, au début de la carrière, au type de voisinage, sans mentionner bien d'autres encore. Ces différents types ont connu chacun leur propre tendance au cours des années récentes. Dans la société française, le risque contemporain est celui d'un processus de cumul de situations de déclassement, et par conséquent la formation d'un déclassement systémique potentiellement dévastateur pour l'organisation socio-économique comme politique. La France n'est certainement pas la seule en ce cas, mais après avoir connu dans les années 1960-1970 un âge d'or – du point de vue de la croissance du pouvoir d'achat des salaires –, le retour à la stagnation et les risques de déclin sont une nouvelle particulièrement désagréable. Ce cumul des déclassements n'est pas spécifique aux classes moyennes, puisque les classes populaires en ont fait l'expérience depuis plus longtemps, de manière plus intense.

Le point déterminant de l'argumentation ici est que les classes populaires dont le sort se dégrade sont en quelque sorte les pionniers d'un mouvement que les classes moyennes inférieures subissent à leur tour, et dont elles pourraient d'autant plus souffrir qu'elles se croient encore protégées. L'entrée en résonnance des différentes formes de déclassement pourrait susciter un cercle vicieux dont les conséquences se situent bien au-delà de la frustration de ses victimes immédiates. La stabilité du modèle de croissance économique et de développement social dont nous avons hérité est en jeu : la soutenabilité de la dynamique elle-même pourrait être remise en cause, et avec elle l'avenir des générations futures qui pourraient bien entrer dans la spirale du déclassement systémique.

Le cumul des déclassements

Tout comme « classes moyennes », le terme de « déclassement » ne correspond pas à une appellation d'origine contrôlée. Comme le « jeu » selon Wittgenstein, « déclassement » est de nature polythétique : il renvoie à des classes d'objets disjoints. Tentons de faire le point sur la diversité des acceptions puisque, d'une certaine façon, le déclassement en France est d'autant plus difficile à situer que la première acception du terme est la moins directement avérée.

Dans une premier sens, le déclassement caractérise ceux qui, après la conquête d'un statut donné, comme César Birotteau, le héros éponyme du roman de Balzac dont la décadence succède à la grandeur, parcourent à rebours l'échelle du prestige social. C'est ce que nous appelons plus généralement le « déclassement intragénérationnel ». Ce type de déclassement n'est pas le plus commun car le système institutionnel français est dessiné de façon à l'éviter : les statuts sont relativement protecteurs, en particulier pour les classes moyennes – paradoxalement, il est plus banal de s'effondrer depuis le bas, comme les ouvriers licenciés et les stagiaires laissés à leur sort, que de trébucher depuis la médiane. Surtout, comme l'usage en France veut que l'on commence sa carrière aux niveaux de salaires les plus bas, la mobilité ascendante est la seule possible, sauf véritable catastrophe.

Une deuxième forme du déclassement correspond à un parcours déclinant de la génération des parents à celle des enfants, à un âge donné. Le terme de *déclassé* – en anglais dans le texte, avec son accent – caractérise avant tout les enfants de grands bourgeois qui contracteraient un mauvais mariage. Aujourd'hui, cet aspect intergénérationnel est au centre du diagnostic sur la mobilité sociale : une forte mobilité structurelle ascendante offre une lecture optimiste des tendances à l'œuvre, mais une fois tenu compte du mouvement général, le rang relatif des parents et des enfants parmi leurs contemporains respectifs est la question centrale. Une société fluide, où les enfants des premiers ont autant de chances d'être aux abîmes qu'aux sommets, laisse supposer une forme de concurrence ouverte, sans biais à la naissance. En cas de stagnation des niveaux absolus des positions sociales d'une génération à l'autre, une société fluide va donc nécessairement avec l'existence d'une masse de déclassés, qui doivent laisser la politesse de leur place avantageuse à des enfants plus compétitifs issus des catégories plus modestes. Le déclassement intergénérationnel massif serait-il alors le signe d'une société juste, voire saine ? Je ne me risquerai pas à l'affirmer, car le déclassement révèle avant tout un fléchissement de la croissance qui au bout du compte frustrera bien des ambitions.

Une troisième forme est celle du déclassement scolaire, qui là encore est le signe d'un défaut de croissance dans une société donnée. Il caractérise une situation où les classements éducatifs ne sont pas directement régulés par le marché du travail pertinent : la production de diplômes peut alors excéder les besoins ou simplement la capacité d'absorption du secteur économique correspondant. Les diplômés de médecine sont généralement reconnus comme médecins. Un diplômé de démographie – mais le même raisonnement tient pour un avocat ou un philosophe – ne sera véritablement démographe que s'il trouve un emploi correspondant à son titre scolaire. Les pays du sud de l'Europe en particulier sont spécifiques par l'intensité de l'inflation des diplômes, résultant de la multiplication des titres scolaires à un rythme sans correspondance avec les besoins réels de l'économie. Les étudiants, tout comme leurs parents, sont généralement satisfaits de la forte ascension par le diplôme de la nouvelle génération, jusqu'au moment où les jeunes diplômés, à la recherche d'un emploi leur convenant, découvrent la vraie vie où ni les parents, ni les enseignants, ni le syndicat étudiant, ni personne, ne peuvent grand-chose pour eux. Il s'agit alors de faire sa place, souvent à un échelon bien plus modeste que ne l'aurait supposé le titre scolaire conquis.

Le déclassement résidentiel, ou géographique, signifie quant à lui le déclin d'une personne ou d'un ensemble d'individus le long de l'échelle de prestige socio-économique du territoire – la verticale du pouvoir y étant clairement inscrite. Ce type de trajectoire descendante est clairement avéré en Île-de-France, où les nouvelles générations ont connu, à un âge donné, et plus que la génération de leurs parents, un glissement progressif – déplaisant peut-être – vers des communes ou des cantons moins prestigieux, alors même que la part de budget consacrée au logement s'est accrue. Ce constat fait au chapitre 3 est aisé à mettre en évidence avec des moyens statistiques un peu élaborés, mais il a fait l'objet d'un déni saisissant. Pourtant, en y réfléchissant un peu, il ne pouvait en être autrement : le processus de gentrification – qui consiste à modifier la composition sociale et le prestige économique d'un territoire plus populaire, pour espérer à terme un retour sur investissement meilleur que dans un choix plus conservateur – est intrinsèquement une stratégie de déclassement résidentiel. Il est donc surprenant que d'autres ne soient parvenus à détecter un tel phénomène. Il reste que si les seniors des classes supérieures se rapprochent du sommet du prestige alors que les jeunes des classes moyennes et populaires déclinent sur cette échelle résidentielle, il se passe quelque chose d'important.

Ces quatre formes de déclassement, lorsqu'elles se combinent et se cumulent sur des cohortes de naissance particulières, forment ensemble le « déclassement générationnel » auquel j'ai consacré *Le Destin des générations*. Lorsque, sous différentes perspectives, de nombreux membres d'une même génération font face à une convergence de difficultés à maintenir les tendances de progrès dont les parents avaient bénéficié, le déclassement générationnel est en cours. En réalité, c'est ici ce qui fait la spécificité des inégalités entre générations par rapport à toutes les autres formes d'inégalité : comme leurs victimes sont les jeunes, qui vivront pour toujours les cicatrices du choc reçu, et pourraient même en transmettre le traumatisme aux suivants, c'est l'ensemble du processus du changement social qui en est affecté, durablement.

Lorsque le mouvement descendant devient collectif et durable sur plusieurs décennies, l'ensemble du processus de reproduction sociale en est affecté. C'est alors qu'intervient l'idée d'un déclassement global, lorsqu'une civilisation entière connaît une perte de rang socio-économique dans les classements globaux [1], une forme de déclassement massif où la Lorraine et la *Rust Belt* américaine ont été des régions pionnières d'expérimentation d'un phénomène émergent de mouvement descendant.

En fin, ce déclassement peut devenir systémique lorsque de nombreux déclassements individuels s'agrègent en générations sacrifiées, reproduisant leur déclin en direction des générations suivantes, en un mouvement général se bouclant lui-même au niveau collectif, devenant ainsi sa propre cause en un cercle vicieux autoalimenté par la dépression de la perte statutaire. C'est ce que nous pouvons saisir avec la spirale du déclassement, une dynamique d'effondrement qui, si nous devions en poursuivre la pente, accélérerait notre perte. Ce type de déclassement civilisationnel ne serait pas pour autant une première dans l'histoire de l'humanité.

La spirale du déclassement systémique

Cette spirale du déclassement systémique a quelque chose de particulier qui mérite de plus amples développements. Elle est plus que la somme des déclassements des victimes individuelles et devient elle-même la cause de son développement. Elle met en jeu

1. Voir le chapitre précédent et les travaux de Lakner et Milanovic.

une théorie de la soutenabilité sociale, une théorie fondée sur la recherche d'une dynamique de long terme où, à chaque étape, un diagnostic positif sera offert à des questions telles que : « Sommes-nous certains de bien préparer l'avenir de nos enfants ? », « Notre bonheur aujourd'hui évite-t-il à coup sûr la ruine du leur, demain ? », « Évitons-nous de nous goinfrer en leur laissant nos emballages à jeter, le nettoyage à faire, plus la famine ? » C'est là une façon un peu caricaturale de poser la question de la soutenabilité générationnelle de nos modèles socio-économiques, mais la réalité dépasse parfois sa caricature.

En agissant aujourd'hui, en faisant quelques efforts, nous pouvons éviter à nos enfants un noir destin. C'est ce que, une génération plus tôt, nous a dit Hans Jonas [1], qui a un peu réfléchi à toutes ces questions. Au contraire, par notre égoïsme aveugle, nous pourrions laisser aux suivants – que ce soit involontairement, par ignorance, manque de lucidité ou bien sciemment – un monde social inacceptable, des dettes ingérables, l'effondrement de l'économie de l'État central, l'oppression politique, la destruction de la planète, autant d'aspects liés à un même collapsus global qui serait l'objet d'une discipline naissante, la collapsologie [2].

Cette idée est plus souvent exprimée par la pensée écologiste, qui a fait écho, depuis quarante ans, aux travaux du « Club de Rome » – nous y reviendrons ci-après – qui rappellent les limites de la planète opposées à l'infini des désirs humains d'une population mondiale dont la taille a explosé au cours des décennies passées, particulièrement là où la nature est particulièrement peu généreuse, les deux aspects tendant à se rejoindre en un cercle vicieux.

Pourrons-nous nourrir tous les nouveaux arrivants ? Notre société de consommation signifie-t-elle la stérilisation des océans

1. Hans Jonas, *Le Principe responsabilité*, trad. Jean Greisch, Paris, Cerf, 1995 [1979].

2. Voir, par exemple, Pablo Servigne et Raphaël Stevens, *Comment tout peut s'effondrer. Petit manuel de collapsologie à l'usage des générations présentes*, Paris, Seuil, 2015.

et l'épuisement de la nature, prélude aux famines de demain et à l'annihilation prochaine de la vie humaine ? C'est peut-être là une vision inutilement dramatisée dont la veine apocalyptique n'aide pas toujours à réfléchir, même si elle évite parfois de s'endormir.

L'enjeu est en effet de concevoir d'une façon plus réaliste le problème général des équilibres entre générations et de la justice qui doit s'établir entre ceux qui prennent aujourd'hui des décisions et ceux qui en subiront les conséquences demain. La finalité de cette « justice qui doit s'établir » peut être précisée en y apportant la restriction suivante : « si nous souhaitons éviter le collapsus social ». Alors que les approches les plus conformistes de la soutenabilité se sont intéressées avant tout à l'environnement et la destruction des ressources naturelles – c'est le plus souvent le cas chez l'ornithologue et biologiste américain Jared Diamond, notamment dans son ouvrage *Collapse*[1], qui s'intéresse avant tout à des sociétés situées loin en deçà du seuil de développement industriel –, il convient de généraliser ces idées à l'environnement social, en nous interrogeant sur les conditions de maintien d'un haut niveau de développement économique, d'enseignement, de créativité, de sécurité, de santé, d'un système social de protection contre les principaux risques de la vie, d'un modèle d'égalité dans un contexte de participation du plus grand nombre à la sphère productive, d'accès à l'autonomie d'individus solidaires, etc. On est libre d'accepter ou non une partie du programme, de préférer la sécurité urbaine ou l'égalité solidaire, mais que chacun puisse échapper à la famine sans vendre son âme sera un critère accepté par tous. Il reste que le diagnostic que nous avons porté met en doute la capacité réelle à maintenir ce développement social pour les jeunes générations, confrontées à un cumul de formes de déclassement.

C'est ici le problème de la « soutenabilité intergénérationnelle », où nous sentons bien que, si nous n'y prenons garde, nos enfants pourraient vivre demain dans des conditions que nous

1. Jared Diamond, *Effondrement. Comment les sociétés décident de leur disparition ou de leur survie*, trad. Agnès Botz et Jean-Luc Fidel, Paris, Gallimard, 2006.

n'accepterions pas pour nous-mêmes – c'est déjà le fait dans un grand nombre de domaines de l'existence, comme le logement, puisque les jeunes apprécient plus souvent de rester chez leurs parents plutôt que de déchoir de leurs propres ailes. Une autre précision s'impose ici : cette notion vague de « nos enfants » peut englober tour à tour l'ensemble de ceux avec qui nous entretenons un lien de filiation, mais aussi plus généralement les jeunes générations de notre pays, voire l'ensemble des enfants de l'humanité présente et à venir, toutes celles et tous ceux vis-à-vis de qui nous sentons avoir une responsabilité et dont l'avenir dépend un peu de notre travail aujourd'hui.

C'est donc le mérite du théologien allemand Hans Jonas que d'avoir forgé l'idée d'un « principe responsabilité » dans les années 1970 : les générations futures ne peuvent ni exprimer ni défendre leurs intérêts alors que nos décisions irresponsables aujourd'hui peuvent annihiler leur capacité de se créer à leur tour comme individus responsables. Ce sont les limites de nos démocraties : les générations futures ne votent pas alors que nous jouons leur avenir. Nous pouvons même jouir de l'avenir que nous leurs dévorons. C'est ici que Jonas proposait comme solution le « principe responsabilité » : n'agir que si nous pensons véritablement que les générations suivantes auraient fait de même à notre propre place. C'est ici la question des justes limites. Détériorer systématiquement les possibilités d'autonomie véritable des générations futures en détruisant leurs ressources potentielles n'est pas le risque unique : inversement, à force de trop aider les personnes, elles perdent de leur libre arbitre, et pourraient souffrir tout à la fois du manque des moyens de l'autonomie et de l'absence de volonté pour y accéder[1].

La vision écologiste a réussi à retenir l'attention générale, au travers du réchauffement climatique notamment, sur ce qui, sinon,

1. C'est précisément pour cette raison que, depuis dix ans en France, le débat sur l'« allocation d'autonomie » – une forme de salaire étudiant – souligne qu'elle pourrait être la meilleure ou la pire des choses selon qu'elle enferme ou non le bénéficiaire dans le non-travail permanent.

serait resté une obscure question philosophique. Jared Diamond décortique ainsi de nombreux exemples d'effondrements civilisationnels qui résultent de l'incapacité de protéger l'environnement naturel. Évocateur de dizaines d'autres exemples, le cas de l'île de Pâques est éloquent : ses habitants, pour construire leurs arrogantes idoles dont nous admirons les vestiges, expression d'une concurrence agonistique – c'est un pléonasme – et mortifère, ont procédé à une déforestation systématique que leurs enfants ont payée pendant des siècles par l'érosion des sols, l'appauvrissement, la malnutrition, le déclassement d'une société complexe vers un seuil inférieur de développement. Par surproduction, surpopulation, sous-protection, les ressources naturelles se sont rapidement épuisées, détruites, avant d'entraîner dans le presque néant[1] ces civilisations imprévoyantes qui, dans l'arrogance de leur succès présent, leur *hybris*, ont oublié leur long terme. C'est ce que Diamond nous promet pour notre petite planète dont l'île de Pâques est un modèle réduit.

Les écrits de Diamond apparaissent ainsi comme la résurgence, quarante ans après, du rapport Meadows du Club de Rome[2], qui proposa pour la première fois un schéma où les ressources de la planète apparaissaient limitées. Les ressources naturelles, trop sollicitées, s'épuisent, comme les nappes de pétrole de la théorie du *Peak Oil* de Hubbert. Une fois atteint le point culminant de la production pétrolière, lorsqu'il n'en reste que les dernières gouttes, l'humanité devrait se préparer au désastre. Il doit s'ensuivre un désordre mondial aux conséquences apocalyptiques. Nous gravissons ainsi une falaise qui se termine dans le néant. Que se passera-t-il une fois les ressources dévorées ?

1. L'horreur n'est totale que lorsqu'il existe encore des humains pour évoquer les temps perdus et les souffrances inhérentes au statut de survivant.

2. Voir en particulier la traduction française : Donella H. Meadows, Dennis L. Meadows, Jørgen Randers et William W. Behrens III, « Rapport sur les limites de la croissance », *in* Club de Rome, *Halte à la croissance ?*, trad. Jacques Delaunay, Paris, Fayard, 1972, p. 131-309.

GRAPHIQUE 5.1
La projection du désastre selon le Club de Rome

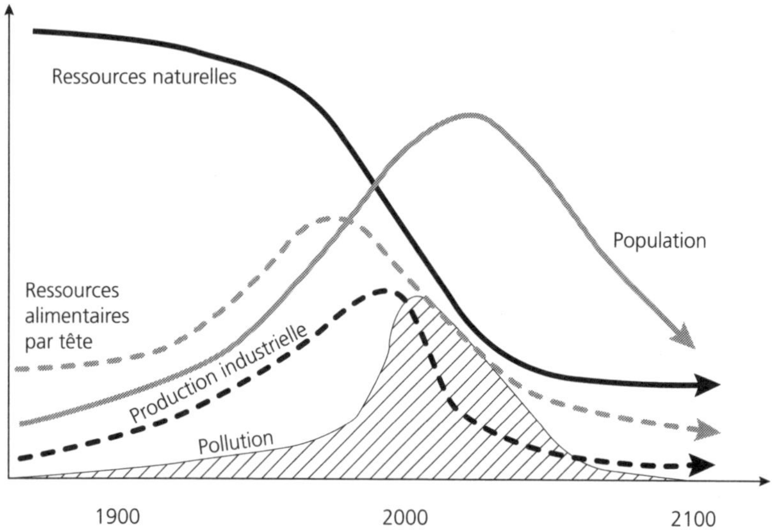

Source : Figure reconceptualisée sur les prémisses du *Time magazine* du 24 janvier 1972, selon le rapport « Les limites de la croissance ».

Ce collapsus des ressources était attendu pour le tournant du XXe siècle. Mais rien n'est advenu. Les sociétés confrontées à l'impossible finissent – parfois – par inventer de nouvelles solutions, quitte à renforcer encore la spirale des problèmes de demain : de nouveaux forages ont été réalisés plus loin, le nucléaire et le gaz de schiste ont rendu leurs services, mais sont aussi de dangereux palliatifs dont on attend encore de comprendre les conséquences ultimes. De même, le rêve de Jeremy Rifkin d'une civilisation hydrogène, fondée sur la fusion nucléaire d'un côté et le stockage de l'électricité dans des batteries à hydrogène de l'autre [1], pourrait aussi virer au cauchemar. Il reste que, depuis quarante-cinq ans, les

1. Jeremy Rifkin, *L'Économie hydrogène*, trad. Nicolas Guilhot, Paris, La Découverte, 2002.

faits ont donné tort au scénario noir du Club de Rome, l'épuisement des énergies n'a pas eu lieu. C'est ici l'écriture contrapuntique du progrès : les risques s'accumulent mais l'apocalypse promise tarde.

En réalité, cette théorie du Club de Rome – celle de la nature comme patrimoine donné, un stock fixé à l'origine et que nous consumerions jusqu'à l'extinction totale – est fondamentalement inexacte. L'insoutenabilité des sociétés résulte moins de l'épuisement d'un stock que de la mauvaise gestion d'un flux. Cette idée de nature comme flux partiellement renouvelable, comme revenu variable plus que comme patrimoine irréversiblement fongible, permet de mieux rendre compte de l'histoire. C'est ici l'inspiration de l'archéologue américain Joseph Tainter, qui représente le destin des sociétés comme une relation problématique entre les ressources et les coûts impliqués par la complexification sociale [1] – qui reprend les principaux critères caractérisant le développement des civilisations : division du travail, artisanat élaboré, écriture et constitution d'une intellocratie de prêtres et de lettrés, approfondissement de la stratification sociale avec la multiplication d'échelons hiérarchiques. L'exemple préféré de Tainter est celui de l'expansion et la chute de Rome.

La civilisation insoutenable

L'essor de Rome est selon Tainter le succès d'une civilisation prédatrice fondée sur le pillage et la mise en exploitation coloniale systématique des voisins, la répartition des dépouilles des vaincus pour rétribuer les vétérans de l'armée ou l'absorption des territoires conquis. Les premières victoires militaires permirent de saisir les trésors des villes conquises : un siècle avant notre ère,

1. Joseph A. Tainter, *L'Effondrement des sociétés complexes*, trad. Jean-François Goulon, Aube, Le Retour aux sources, 2013 [1988] ; « Collapse and sustainability : Rome, the Maya, and the modern world », *Archeological papers of the American anthropological association*, vol. 24, 2014, p. 201-214.

avec la conquête de Pergame et de ses richesses, le budget de Rome put doubler pour atteindre 50 millions de *denarii*, pour s'accroître ensuite jusqu'à 85 millions après la conquête de la Syrie en 63 avant notre ère. Il s'ensuit une spirale expansionniste autoalimentée par les succès militaires précédents. La conquête des Gaules marqua encore une accélération dans cette abondance des ressources dont Rome bénéficiait, réinvestissant le surplus dans son entreprise militaire. La promesse de terres nouvelles à distribuer tenait les jeunes légionnaires dans l'abnégation nécessaire ; la plèbe romaine soutenait un régime qui lui procurait du pain et des jeux en quantité suffisante. On exempta le citoyen romain d'impôts. Par la suite, chaque nouvelle conquête permit de couvrir les frais de la campagne suivante, et le surplus résultant était dépensé par le Sénat et le peuple de Rome. Les ruines du Forum sont aujourd'hui les vestiges de cette splendeur passée d'une entreprise réussie d'extraction de ressources sur la base du pillage plus que de l'investissement durable.

Ce modèle de croissance était, nous assure Tainter, parfaitement illusoire et contenait le germe de son propre effondrement. Certes, les colonies avaient un rendement meilleur sous la *Pax Romana* qu'à l'époque de leur liberté perdue, comme l'affirme Ian Morris dans son ouvrage controversé[1]. Le souci est ailleurs : le système s'accoutume de plus en plus rapidement à cette croissance de plus en plus dépendante de conquêtes nouvelles. Une fois que l'ensemble de l'espace potentiel est soumis, de nouvelles conquêtes deviennent impossibles. En vis-à-vis, les dépenses courantes s'accroissent sans cesse : les armées, les bâtiments publics, les thermes, les jeux, l'évergétisme, la providence de nourriture et de services à une foule oisive. Surtout, la vie frugale des générations passées a laissé la place à un goût du luxe de plus en plus répandu. La villa Jovis de l'empereur Tibère est une folie suprême portant à l'extrême un besoin croissant de sophistication nouvelle, présent partout, des catégories intermédiaires jusqu'au public des

1. Ian Morris, *War! What Is It Good For? Conflict and the Progress of Civilization from Primates to Robots*, Macmillan Press, 2014.

bains et des arènes. Le tonneau des Danaïdes des besoins illimités est alors intégralement défoncé. Sans possibilité de les couvrir par des revenus collectifs nouveaux, le système s'est effondré. Tainter aide à comprendre que l'effondrement n'est pas la conséquence d'un stock épuisé mais de l'inadéquation entre des dépenses nouvelles inflexiblement croissantes et des ressources variables, amenées à stagner sans révolution technique ou organisationnelle capable de nourrir une étape nouvelle de la croissance.

Une pièce supplémentaire au puzzle de l'effondrement romain est justement donnée par Aldo Schiavone[1] : le citoyen romain préférait l'esclavage au travail. L'esclavagisme a empêché de penser la croissance de la productivité. Les technologies du machinisme – techniques de construction, début de l'horlogerie, chimie, sciences des matériaux – se développaient dans l'Empire du IIIe siècle, à l'apogée romaine. Ces possibilités d'un développement proto-industriel n'ont pas eu de suites, car il n'a pas été saisi comme alternative au modèle préalable de l'esclavagisme : les élites comme le peuple qui les imitait préféraient la domination en coupe réglée de grands domaines au développement scientifique ou technique qui exigeait pour valeur centrale le travail régulier, vitale pour le développement industriel. Incapable de passer de la phase de la conquête militaire d'une société prédatrice traditionnelle à celle du développement économique, Rome s'est effondré à travers l'assèchement du surplus qui faisait sa force.

En réalité, le modèle de Tainter peut être amélioré. Chaque année, le solde entre les ressources et les coûts présente un surplus (s'il est positif) ou un déficit (sinon), qui conditionne les possibilités futures d'investissement dans une production future. Les ressources, au moment de l'essor d'une nouvelle civilisation florissante, dépassent largement les coûts, permettant ainsi de construire des routes, des cités, de développer la puissance militaire ou économique. Pendant un certain temps, les investissements nouveaux permettent d'accroître encore les ressources,

1. Aldo Schiavone, *L'Histoire brisée. La Rome antique et l'Occident moderne*, trad. Geneviève et Jean Bouffartigue, Paris, Belin, 2003.

mais d'une façon générale les sociétés s'inventent de nouvelles contraintes par la fécondité ou de nouvelles dépenses somptuaires de pure consommation ostentatoire sans véritable finalité économique, et sans relation avec les ressources véritables. L'envol irréversible des dépenses exigées par les équilibres politiques du temps finit ainsi par rattraper puis dépasser les ressources, réduisant le solde jusqu'à son inversion. C'est ici qu'apparaît la rétroaction : si le surplus permettait d'investir, les déficits accumulés exigent de puiser dans les réserves sans pouvoir les entretenir.

La première génération de centurions risque sa vie au *limes* et conquiert une villa coloniale ; les enfants fructifient le domaine ; la troisième génération bénéficie de la rente et souffre peu à peu du morcèlement de l'héritage. À Rome même, les besoins dépassent rapidement le revenu. Les taxes peinent à rentrer, les armées sont un coût que les territoires lointains ne nourrissent plus. La vie militaire perd de son attrait et seuls des barbares romanisés y voient une source d'orgueil, la possibilité d'accéder à la citoyenneté romaine, un instrument d'accession au pouvoir, dissimulant en réalité de nombreux désirs frustrés. L'inflation permet de dissimuler un temps seulement les réalités d'une pénurie croissante. L'investissement dans l'avenir laisse la place aux consommations immédiates et sans lendemain. La poule aux œufs d'or qui avait nourri des générations entières passe à la casserole. La civilisation, fragilisée, n'a plus le temps de se poser la question de sa soutenabilité lorsqu'elle est supplantée par d'autres modèles de société. Elle peut trouver aussi un semblant de réconfort dans des religions nouvelles. Dans le cas de Rome, l'ancienne société prédatrice devient la proie de voisines plus volontaires. Cette spirale de l'effondrement, en interaction avec les équilibres géopolitiques et culturels précaires, peut renvoyer en quelques générations une civilisation complexe à des niveaux de développement quasi préhistoriques. *Roma Delanda Est.*

Dans ce nouveau modèle d'analyse, la question n'est donc pas celle de l'épuisement du stock, mais de la soutenabilité d'un flux, d'un budget où l'abondance passée de ressources, immédiatement dépensées et impulsant son *auri sacra fames*, cette faim maudite de l'or, excite des besoins futurs qui ne servent en rien les intérêts du système social dans la durée. Les civilisations connaissent d'abord des débuts difficiles comme dans la phase (1) du modèle non linéaire. Les premiers succès sont d'autant plus grands que la population vit encore dans l'esprit frugal de la pauvreté qu'elle a toujours connue. Il en résulte un bénéfice considérable, qui soutiendra, un temps, l'accélération de ce décollage (2). L'essor laisse la place à un âge d'or (3) et suscite une accoutumance progressive.

GRAPHIQUE 5.2

Le modèle non linéaire des ressources et des coûts

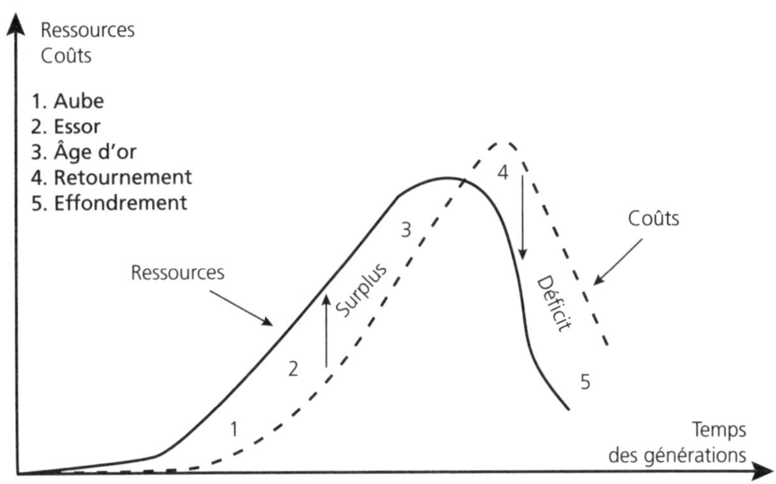

Le luxe d'hier se transforme en dépenses artificiellement nécessaires, incompressibles, liées à des besoins nouveaux, naguère superflus. La richesse de cette étape de maturité fait oublier l'effort nécessaire au maintien du rythme des dépenses. C'est ensuite que la courbe des dépenses contraintes – qui ne sont plus des investissements mais une pure dilapidation – rejoint, puis dépasse, la courbe des ressources. Lorsque le retournement se présente (4), il est trop tard pour contenir les coûts soutenus par la voracité humaine. Le déni est une constante de la phase d'effondrement[1] : même s'il était temps d'agir encore, les alertes émises ne seront reçues par personne. C'est pourquoi les déséquilibres s'accumulent. Le surplus laisse la place au déficit structurel, l'interruption des investissements nécessaires à l'avenir réduit les ressources futures dans un cercle vicieux portant la civilisation droit à son effondrement (5) pour longtemps. Comme nous ne sommes pas égaux devant l'effondrement – les familles mieux loties pourront puiser dans leurs réserves plus longtemps que les autres –, une partie du déni provient de l'inaction de la classe privilégiée. Ceux dont l'action aurait pu être décisive sont à ce point protégés qu'ils ne verront le collapsus final qu'au dernier moment, restant sourds aux témoignages de la famine et des pillages subis par les petites gens. Les familles aristocratiques romaines ont vécu dans le confort de leur villa du Latium jusqu'au moment final du pillage, qu'elles n'ont pas voulu voir venir.

L'élément central de ce modèle non linéaire du développement des sociétés est que les besoins sont un tonneau des Danaïdes : tout niveau de consommation, une fois atteint, est immédiatement dépassé. Le luxe inouï de la génération d'avant devient le besoin primaire de la suivante.

Le problème des générations

À ce schéma non linéaire de croissance il convient d'ajouter un paramètre : le temps des générations. Il est incompréhensible que, en phase (3), personne ne réagisse. Certes, l'avenir est imprévisible et les gens attendent souvent des miracles, et le déni de réalité devant un avenir assombri est un mode majoritaire de fonctionnement cognitif, comme aujourd'hui. Ou bien alors les conflits exacerbés par les premières désillusions du progrès et les frustrations de la croissance perdue rendent aveugle aux évidences. Ou encore l'égoïsme générationnel correspond à la boutade de Woody Allen :

1. Gabriel Martinez-Gros, *Brève histoire des empires. Comment ils surgissent, comment ils s'effondrent*, Paris, Seuil, 2014.

« Qu'ai-je donc à faire des générations futures ? Qu'ont-elles fait pour moi d'abord ? »

Plus certainement, et mon expérience de la France le confirme, dans les sociétés en déclin, une rupture des générations sociales – et même si les parents aident de plus en plus leurs propres enfants, ils ne feront rien pour ceux des autres – peut advenir, à un point tel qu'elle empêche les anciens de saisir le problème des générations nouvelles. Pourquoi donc en France assiste-t-on sans réponse à une telle progression du fossé entre le revenu moyen des retraités et celui des jeunes actifs, fossé que la crise de 2008 a encore amplifié ? Comment se fait-il que les partenaires sociaux représentant les salariés décident d'accroître la pression socio-fiscale sur des travailleurs déjà en difficulté pour soutenir le niveau de vie de retraités situés maintenant au-dessus de la situation de la génération de leurs enfants au même âge ? Pourquoi les victimes de ces choix sont-ils silencieux sinon consentants ? Comment la société française a-t-elle pu s'accoutumer pendant plus de trente ans à un chômage des jeunes structurellement supérieur à 20 % ? Pourquoi le déficit structurel des retraites est-il insoluble alors qu'il en résulte mécaniquement une pénurie d'investissements dans des pans entiers de l'économie et des universités, privant ainsi la France d'espoirs en l'avenir ?

Ces mystères s'expliquent d'une part par la fragmentation générationnelle de la croissance. Les générations qui en France ont 65 ans ou plus vivent encore aujourd'hui les conséquences positives de leur jeunesse de plein emploi, et restent imperméables aux constats des générations suivantes qui peinent à faire leur place. Le système politique français, démographiquement refermé sur la génération chanceuse née au début du baby-boom, ne peut considérer le problème sous toutes ses facettes. Plus encore, dans les statistiques sociales, la chance des anciens et le malheur des jeunes tendent à s'équilibrer en moyenne : les indicateurs délivrent un diagnostic en demi-teinte, entre des seniors qui n'ont jamais mieux vécu et les nouvelles générations confrontées au déclin du XXIe siècle. Enfin, ceux qui en ont la possibilité trouveront auprès de leurs parents la compensation de leur manque à gagner. Cela explique peut-être que, au-delà du déni des aînés, il existe aussi un déni des puînés, ou simplement un achat de leur silence. Encore que cette stratégie ne fasse sens que si l'on a quelque chose à attendre de la générosité des parents. Parfois, le déni est simplement la conséquence de l'idéologie, dont le propre est de convaincre aussi ceux qui n'y ont aucun intérêt, bien au contraire.

Il ne suffit donc pas de disposer d'indicateurs statistiques de soutenabilité socio-économique, dont la moyenne mélange sans distinction le sort de générations clairement hétérogènes, il faut aussi comparer ces indicateurs d'une génération à l'autre, qui peuvent ainsi révéler de profondes ruptures. Le passage des phases (3) à (4) dans le modèle non linéaire des ressources et des coûts et le retournement qui s'ensuit apparaîtra dans les différences de niveaux de vie des générations anciennes et nouvelles. Il ne s'agit donc pas simplement d'avoir des indicateurs de soutenabilité. Il faut une méthodologie générationnelle permettant d'établir un diagnostic de soutenabilité.

Le risque est celui d'une « pyramide de Ponzi », ce jeu réinventé par Bernard Madoff où l'argent des nouveaux participants couvre les intérêts improbablement généreux des anciens, non sans évaporation, jusqu'à ce que la fraude apparaisse au grand jour. De tels écarts de diagnostics exigent que ce débat sur la soutenabilité générationnelle soit abordé. Il est vital d'éclaircir ainsi l'avenir des retraites, de la santé, de l'éducation et de la valeur des diplômes, pour comprendre mieux cette soutenabilité générationnelle des États-providence, dont on mesure dans certains pays la délitescence rapide. L'étape (5), une fois l'ensemble des déséquilibres mis en phase dans un cercle vicieux de l'effondrement, peut être extrêmement rapide : « Le progrès veut du temps pour se développer : la chute vient au pas de course[1]. » Ces enjeux sont vitaux non seulement pour les générations futures mais aussi aujourd'hui pour notre sens des responsabilités.

1. Sénèque, *Lettres à Lucilius*, 91, trad. J. Baillard.

Rétablir la tendance : la nécessité d'un *Ver Sacrum*

Un cercle vicieux, une spirale négative, se développe, en France comme dans de nombreuses sociétés postindustrielles, avec un ensemble de signes caractéristiques : déclin de la croissance, multiplication des titres scolaires sans correspondance immédiate avec des positions socio-économiques disponibles, creusement des déficits et appauvrissement de la puissance publique, réduction des ressources collectives à redistribuer et sélectivité croissante dans la répartition, préférence pour les seniors et absence d'investissement dans la jeunesse, croissance des inégalités économiques de revenu ou de revenus implicites liés à la repatrimonialisation, dépendance accrue de la jeunesse vis-à-vis de leur famille, multiplication et cumul des formes de déclassement.

GRAPHIQUE 5.3
La perspective du redressement

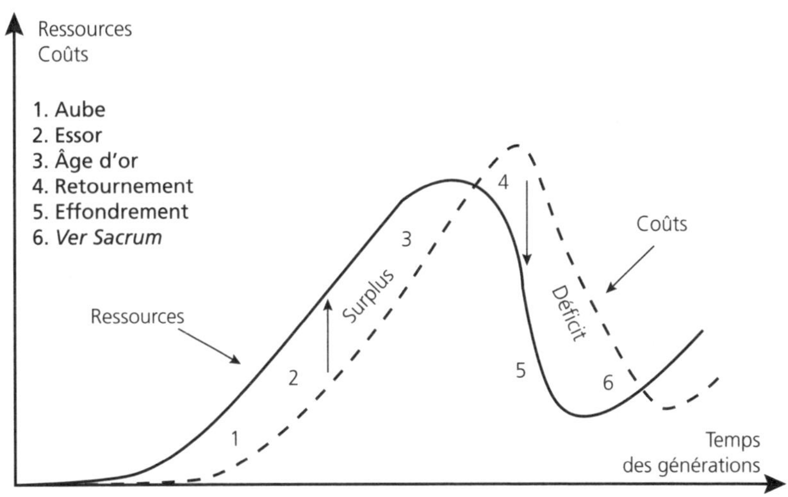

Il en résulte un effondrement qui, à terme, peut renvoyer la société à un seuil de développement inférieur à celui qui fut celui de son essor : la chute de Rome renvoie l'Occident à un stade proche de celui du néolithique[1]. La longue crise argentine depuis la fin de la Seconde Guerre mondiale marque le déclassement du pays au niveau de la médiane mondiale alors que l'Argentine était au sommet des classements économiques mondiaux jusque dans les années 1930.

Les conditions du retournement du déclassement systémique devraient être au centre des débats. Une partie importante des économistes keynésiens diront qu'une bonne inflation devrait faire l'affaire. À l'opposé, pour les conservateurs traditionnels ou de mouture nouvelle, une bonne purge d'austérité serait la solution. Les welfaristes généreux proposeront l'investissement social dans l'enfance. D'autres proposeront saignées et lavements.

Dans cette situation générale de dépression sociale et autre, la seule solution se trouve dans un changement complet d'orientation : cette dépression est le fait d'un complet manque d'enthousiasme, d'implication dans la création de ressources nouvelles, de motivation même à penser les transformations urgentes de notre système de représentations non seulement politiques mais aussi mentales. Retrouver l'institution romaine originelle du *Ver Sacrum*, du printemps sacré (6), reçue de leurs prédécesseurs, est une ressource[2]. Le *Ver Sacrum* est ce rituel par lequel, devant une calamité envoyée par les dieux ou le sort, la jeunesse, en groupe, reçoit une partie du troupeau, est consacrée et laissée à son propre sort, sa propre responsabilité, sur sa route, devant la nécessité de tout reconstruire, et de réinventer les fondements mêmes de son existence collective, en premier lieu devant l'obligation de fonder un monde nouveau, ce que Dumézil nous rappelle.

Cette version du *Ver Sacrum* est peut-être excessive, et se révèle assez bien comme un substitut à la pratique sacrificielle

1. Bryan Ward-Perkins, *La Chute de Rome. Fin d'une civilisation*, trad. Frédéric Joly, Paris, Alma, 2014 [2005].

2. Georges Dumézil, *La Religion romaine archaïque*, 2e éd., Paris, Payot, 1974.

expiatoire ou d'exclusion du trop-plein démographique insoutenable de la jeunesse. Il s'agit bien ici du *Ver Sacrum* de la Vienne de la Sécession, lorsque le trop-plein créatif de la jeunesse est laissé libre de transformer les représentations et le monde sans passer par les structures rigidifiées imposées par le monde ancien. Le *Ver Sacrum* romain portait au mieux à la constitution d'une nouvelle colonie, alors que celui dont nous parlons ici relève de l'invention de champs nouveaux du développement humain. Cela signifie une véritable autonomie de la jeunesse, celle fondée sur la capacité à travailler par soi-même.

Conclusion

La société des illusions

« Sais-tu ce que tu vis ? »

Richard Wagner, *Parsifal*, 1882
(trad. Georges Pucher).

Les chapitres successifs de ce livre ont mis en évidence les différentes composantes d'une spirale de déclassement dont l'entrée en résonnance a suscité un phénomène systémique. Au terme de cette analyse, une question demeure ouverte : pourquoi donc cette dynamique dans laquelle nous nous sommes enfermés depuis tant d'années fait-elle l'objet d'un tel déni ? Au point que, sans nul doute, ce travail sera violemment attaqué, comme l'ont été mes contributions précédentes. Lorsque les premiers travaux sur le déclassement générationnel ont été publiés, il y a maintenant vingt ans, il était alors possible de réfléchir aux moyens de contrecarrer ses effets. Est-il encore temps d'agir ? Il faudrait pour cela que le mur du déni cesse de s'élever et que l'on se rende à l'évidence galiléenne de la pente de notre société : « Et pourtant elle tombe ! » C'est précisément parce que ce diagnostic n'est pas posé que la spirale s'accélère.

Le déni des réalités fait partie intégrante du dispositif de la spirale du déclassement. Ce qui surprend dans ce processus, c'est la capacité générale à se constituer un monde de représentations parallèles sans relation avec des réalités évidentes, ce que la plus approximative lucidité devrait nous avoir révélé depuis longtemps. Nombreux sont ceux qui ont construit leur monde sur une accumulation inextricable d'illusions sous lesquelles la réalité s'est effacée. Lorsque la fantaisie individuelle devient un mouvement de masse, nous obtenons la société des illusions. Dans les sciences sociales françaises, la notion d'illusion est marquée avant tout par l'importation des travaux de l'historien néerlandais Johan Huizinga[1] et sa relecture par Pierre Bourdieu. Tout se passe comme s'il s'agissait d'entrer, de se prêter au jeu social : d'en accepter les enjeux, les règles du jeu, de jouer le jeu. Dans cette acception, le *socius* est un joueur et l'*illusio* est un construit résultant de l'action collective dans le jeu social. Beaucoup en sont restés là. Le problème ici est que le motif et les motivations disparaissent ou restent dans l'indétermination absolue. Pour nous, ici, l'illusion est avant tout l'écran dressé entre la réalité et notre conscience. C'est une fausse réalité qui se joue de nos sens, et qu'une sociologie hyper-lucide doit déjouer. L'illusion, c'est le village Potemkine de réalités sociales inacceptables. Comme l'impératrice, nous préférons le carton-pâte du décor de théâtre à la boue de la réalité. Et lorsque le ministre Potemkine n'a pas eu le temps d'apprêter la réalité, nous nous suffisons à nous-mêmes pour en rectifier la perception. Il en résulte une société des illusions où l'idée même de porter un diagnostic critique sur la situation, pour en rétablir une juste définition, est presque impossible[2].

Mais un approfondissement est ici nécessaire pour saisir l'illusion dans un sens plus précis que celui de village Potemkine. La société des illusions n'est pas celle des magiciens, des prestidigitateurs, des charlatans, mais bien la nôtre. L'illusion ici relève moins de l'erreur

1. Johan Huizinga, *Homo Ludens. Essai sur la fonction sociale du jeu*, trad. Cécile Seresia, Paris, Gallimard, 1951 [1938]. « Dans son livre fameux, *Homo Ludens*, Huizinga dit qu'on peut, par une fausse étymologie, faire comme si l'*illusio*, mot latin qui vient de la racine *ludus* (jeu), voulait dire le fait d'être dans le jeu, d'être investi dans le jeu, de prendre le jeu au sérieux. » Pierre Bourdieu, *Raisons pratiques*, Paris, Seuil, 1994, p. 151. Voir aussi Paul Costey, « L'*illusio* chez Pierre Bourdieu. Les (més)usages d'une notion et son application au cas des universitaires », *Tracés*, n° 8, 2005, p. 13-27.

2. C'est le sens de l'ouvrage de Raymond Aron, *Les Désillusions du progrès. Essai sur la dialectique de la modernité*, Paris, Calmann-Lévy, 1969.

de perception, de confusion entre l'imaginaire et le réel, de croyance fallacieuse, comme on l'entend habituellement dans notre langue. En français, l'expression « se bercer d'illusions » porte cette connotation, mais le sens d'« illusion » est ici tout à la fois plus large et plus précis, réimporté de l'allemand, en particulier du monde viennois, en son sens freudien plus certainement. Les illusions se rapportent ici aux fausses vérités qui nous arrangent, nos songes et nos mensonges qui nous offrent un « substitut hallucinatoire aux satisfactions » (*Phantasiebefriedigungen*) qui se dérobent à nous dans la réalité présente. Dans cet ordre d'idée, Clément Rosset signale que le processus d'illusion s'enclenche lorsque la réalité devient déplaisante, inacceptable[1]. Dans ce jeu de tromperie, nous sommes ici tout à la fois victimes et coupables, dupes et responsables, puisque c'est notre propre capacité d'action sur ce monde qui est remise en cause : en créant une fausse réalité qui nous arrange, nous ne traiterons jamais les causes qui réellement nous dérangent.

Le fondement de notre crise sociale, de notre déclassement et de nos désillusions se révèle ainsi dans une légère modification du Principe de Raison Insuffisante (PRI) de Robert Musil[2]. Ce PRI doit être réécrit pour révéler ce qui est nettement plus vraisemblable : le PRI2, Principe de Raison Illusoire, que je me permets d'adapter ainsi :

> Le Principe de Raison Illusoire (PRI2) ! répéta Ulrich. Étant philosophe, vous devez savoir ce que Musil entend par principe de raison insuffisante (PRI1). Dans notre vie réelle, je veux dire notre vie personnelle, comme dans notre vie historique et publique, Musil

1. Clément Rosset, *Le Réel et son double. Essai sur l'illusion*, Paris, Gallimard, 1976.

2. Robert Musil, *L'Homme sans qualités*, trad. Philippe Jaccottet, Paris, Seuil, 1956, t. I, chap. 35, p. 159 : « Le Principe de Raison Insuffisante ! répéta Ulrich. Étant philosophe, vous devez savoir ce que l'on entend par principe de raison suffisante. Malheureusement, pour tout ce qui le concerne directement, l'homme y fait toujours exception ; dans notre vie réelle, je veux dire notre vie personnelle, comme dans notre vie historique et publique, ne se produit jamais que ce qui n'a pas de raison valable. »

prétend que rien ne se produit jamais que ce qui n'a pas de raison valable. Malheureusement, pour tout ce qui le concerne directement, l'homme y fait toujours exception : tout ce qui se produit est parfaitement logique et rationnel, mais le fondement même de notre raison est corrompu à la racine par un diagnostic illusoire, fallacieux, de la réalité qui forme son substrat.

Ce Principe de Raison Illusoire est central en sciences sociales comme ailleurs où s'établit une sorte de folie collective raisonnable, logique et panurgique, aveugle à la réalité. Nous abordons ici une tendance puissante des sociétés – de la nôtre en particulier – qui se renforce à mesure qu'elles font face à des tensions plus intolérables.

C'est ici une théorie de l'illusion sociale permettant de comprendre comment, après plus d'un siècle de sciences sociales, nous sommes toujours comme Sisyphe écrasé sous son rocher au bas de la colline. Les enjeux de notre quête sont bien posés par Marie Jahoda, coauteure des *Chômeurs de Mariental*, avec son époux Paul Lazarsfeld, une étude sociographique sur l'effondrement d'une communauté ouvrière de la banlieue de Vienne au cours de la crise des années 1930[1]. En 1986, revenant sur l'œuvre de sa vie, et souhaitant fonder une psychologie sociale de l'invisible[2], Jahoda en formule l'idée centrale ainsi : « Je pense que l'enjeu des sciences humaines et sociales est de rendre visibles les choses invisibles [...]. C'est ici la mission principale des sciences sociales[3]. »

En réalité, il semblerait que le travail de vérité soit bien plus difficile que prévu. Il est plus qu'une simple révélation de choses cachées, dissimulées, tenues hors du champ d'intelligibilité, voire du

1. Paul Lazarsfeld, Marie Jahoda et Hans Zeisel, *Les Chômeurs de Marienthal*, trad. Françoise Laroche, Paris, Minuit, 1981 [1932].

2. David Fryer, « The social psychology of the invisible : an interview with Marie Jahoda », *New Ideas in Psychology*, vol. 4, nº 1, 1986, p. 107-118.

3. « *I do think that the problem in the human and social sciences is to make invisible things visible [...]. This seems to me to be the chief task of the social sciences.* »

monde sensible : une réalité sociale au visage absent[1]. Des questions pénibles surgissent : pourquoi devons-nous pareillement travailler à démontrer même des choses pourtant évidentes ? Pourquoi tant de faits sociaux criant leur vérité sont-ils passés sous silence, étouffés ? Pourquoi rien plutôt que quelque chose ? Peut-être préférons-nous collectivement vivre dans un monde d'illusions aux réalités escamotées que dans celui de la lucidité pour continuer de bénéficier d'une paix apparemment confortable mais en réalité coûteuse, exorbitante. Il convient dès lors d'inverser la phrase de Jahoda : « Le problème de la vie humaine et sociale est de masquer toutes les choses évidentes. Cela me semble être l'activité principale du monde social, et trop souvent des sciences sociales. » Nous avons vu comment il est banal, même avec un appareillage méthodologique un peu élaboré, certifié par les sciences sociales, de parvenir à des conclusions à peu près inverses de ce que nous observons[2]. Rosset et Freud avant lui aident à comprendre comment l'illusion nous arrange d'une réalité qui dérange. La réalité est invisible[3] car nous préférons voir autre chose – ce qui est plus confortable que d'être aveugles.

Mais le diagnostic pourrait bien être pire encore, lorsqu'on va aux racines du problème. À l'ère postmoderne du « tout est construit », voire du « tout doit être dé(cons)truit », où un bon mémoire de master s'arrête au point où l'étudiant montre que l'objet étudié est une construction sociale, il est devenu banal de dénoncer l'idée même de réalité. Ici, les sciences sociales ne sont pas sans responsabilité dans ce processus. Continuer de prôner la quête des « faits sociaux », ceux dont les durkheimiens entendaient assurer l'administration de la preuve, comme passage obligé de notre activité, est dénoncé comme un acte « faitiche[4] ».

1. Je pense ici à Jean Clair, *Autoportrait au visage absent. Écrits sur l'art 1981-2007*, Paris, Gallimard, 2008.

2. Marine Boisson (coord.), *La Mesure du déclassement*, Paris, La Documentation française, 2009.

3. Stéphane Beaud, Joseph Confavreux et Jade Lindgaard (dir.), *La France invisible*, Paris, La Découverte, 2006.

4. Bruno Latour, *Sur le culte moderne des dieux faitiches*, Paris, Les Empêcheurs de penser en rond, 2009.

Opposer aux faits sociaux même les plus robustement évidents et les mieux établis – l'existence de la verticale du pouvoir socio-économique – un déni systématique serait à présent la figure même de l'intelligence.

Les tenants de la modernité liquide, ainsi, liquident la modernité. Ce dispositif central de la postmodernité tardive permet de rendre compte d'une tendance au revoilement du monde. Mais cela suppose l'existence d'UN monde, d'un seul. Ici, il ne faut plus dire comme Héraclite que « pour les gens éveillés, il n'existe qu'un monde, qui est commun, alors que dans le sommeil chacun se détourne vers un monde qui lui est propre[1] », mais : « Pour tous le même rêve standardisé, pour chacun son propre monde sans partage. » Rien n'étant démontrable et tout ne relevant que de constructions phantasmatiques, il n'est pas étonnant que le monde de la politique n'offre plus de grandes perspectives mais seulement un brouillard généralisé de promesses intenables.

Le passage à la limite du déclassement systémique de toute chose finit sur une étape ultime : le déclassement même de la notion de réalité. La première idée que retiennent les étudiants en première année de sociologie est que la nature n'existe pas, que tout est construction sociale, et que la notion même de réalité est controversée donc suspecte. Sans doute cela ne dépend-il que des définitions que nous donnerons à ces notions. En mettant le nez dehors, on voit bien qu'il y a une nature ; mais à l'ère de l'anthropocène, tout porte la trace de la manipulation humaine, à commencer par notre perception de ces choses et notre culture. Donc rien n'est vrai, tout est permis. *Ite, missa est.*

Nos réalités sociales et humaines sont faites de bien autre chose, de différents niveaux de réalités construites. En rencontrant quelques paranoïaques avérés ou d'autres êtres humains plus banals, nous constaterons qu'il existe une infinité de constructions potentielles concurrentes de la réalité sociale. De ces univers potentiels en nombre infini, seules quelques configurations sont parvenues au

1. Héraclite, *Fragments. Citations et témoignages*, trad. Jean-François Pradeau, Paris, Flammarion, « GF », 2004.

stade de fait social. Comment ces configurations observées ont-elles été sélectionnées ? Quand donc obtenons-nous une « fiction efficace[1] » ? Quel travail collectif ou politique a-t-il été nécessaire pour y parvenir ? Avec quelle solidité de la construction observée ? Le fait social tient-il tout seul, ou par le seul support de l'échafaudage politique qui l'a construit ? Ces questions permettent généralement de faire la différence entre des réalités qui vont de soi – même si elles sont dissimulées sous un épais voile d'ignorance – et des illusions réalisées, métastables, et qui s'écrouleront avec le pouvoir qui les a mises en place. Plutôt que de travailler sur la construction sociale de la réalité, c'est bien à la réalité des constructions sociales qu'il faut s'intéresser.

En évoquant nos vieux amis viennois (tous l'ont été au moins à un moment de leur vie), Marie Jahoda, Sigmund Freud, Stefan Zweig, Joseph Schumpeter, Paul Lazarsfeld, Karl Popper, Karl Mannheim, Karl Polanyi, Carl Schorske, etc., je rappelle comment leur âge d'or de la modernité, le temps d'une étincelle, a fondé un dualisme complexe où le dévoilement de la vérité était un acte prométhéen. Loin des traditions obscurantistes qui faisaient passer nos maladies individuelles et sociales pour une épreuve divine, l'établissement des faits, l'administration de la preuve, le diagnostic juste porté sur la réalité de nos sociétés malades sont les premiers pas d'une démarche de progrès social. Nous aimerions un diagnostic moins désagréable, mais nous n'avons pas le droit de dissimuler la réalité du mal. Pour Norbert Elias, la sociologie est la discipline des chasseurs de mythes. Il nous faut peut-être plus encore une sociologie de la lucidité, une sociologie désillusionniste, pour établir la juste définition de la situation. Il s'agit donc de bien plus que d'un pessimisme méthodologique. Il faut peut-être plus encore nous inspirer du *Ver Sacrum*[2], celui de la Sécession viennoise plus que

1. Florence Weber et Caroline Dufy, *L'Ethnographie économique*, Paris, La Découverte, 2007.

2. Carl E. Schorske, « Conflit de générations et changement culturel. Réflexions sur le cas de Vienne », *Actes de la recherche en sciences sociales*, vol. 26, n° 1, 1979, p. 109-116.

celui de la Rome archaïque : libérer la nouveauté, laisser l'invention fleurir, promouvoir le mouvement et l'établissement de la jeunesse, réelle ou symbolique, qui choisit l'exode, extérieur ou intérieur, découvrir de nouveaux territoires, *terra incognita et res nullius*, dans un enthousiasme inédit, refonder la figure du poète travailleur insomniaque : le dernier encore éveillé doit sortir les autres du sommeil.

Vienne, le 14 juillet 2016.

Table
des graphiques, tableaux et figures

Chapitre 1

Chapitre 2

Chapitre 3

Chapitre 4

Chapitre 5

Table

RÉALISATION : IGS-CP À L'ISLE-D'ESPAGNAC
IMPRESSION : NORMANDIE ROTO IMPRESSION S.A.S. À LONRAI
DÉPÔT LÉGAL : SEPTEMBRE 2016. N° 107294-2 (1604267)
Imprimé en France